Gerard Minnaard

Er rief seinen Namen: Israel!
Erzählungen von Segen und Verantwortung aus dem 1. Buch Mose

mit Zeichnungen von Ruud Bartlema

und einer Nacherzählung des Jakobszyklus für Kinder
von Ingrid Depner

Erev-Rav-Hefte
Biblische Erkundungen / Israelitisch denken lernen Nr.2

Die Umschlagseite zeigt Israel, verwoben mit dem hebräischen Buchstaben א (Alef), der nach rabbinischer Tradition Gottes verborgene Anwesenheit in unserer Welt symbolisiert.

Die Deutsche Bibliothek - CIP-Einheitsaufnahme

Minnaard, Gerard:
Er rief seinen Namen: Israel! Erzählungen von Segen und Verantwortung aus dem 1.Buch Mose / Gerard Minnaard. - Wittingen : Erev-Rav, Verein für Biblische und Politische Bildung, 1996
  (Erev-Rav-Hefte: Biblische Erkundungen ; Nr. 2) (Erev-Rav-Hefte : Israelitisch denken lernen ; Nr. 2)
  ISBN 3-9803752-3-4
NE: Erev-Rav-Hefte / Biblische Erkundungen ; Erev-Rav-Hefte / Israelitisch denken lernen

© Erev-Rav, Verein für biblische und politische Bildung, Knesebeck 1996
Umschlagbild und Zeichnungen: Ruud Bartlema
Layout: Gerard Minnaard
Druck: Boscolo & Königshofer, Industriestraße 2, 76189 Karlsruhe

Bestellung: Erev-Rav, Postfach 29, 29379 Wittingen

für Inge Butting

Vom Lesen der Schrift

Es wird erzählt, daß vor dem Einlaß des Paradieses Engel ste-
hen, um den Baum des Lebens zu bewachen und zu bewahren.
Ebenso heißt es, daß über der Bundeslade Engel stehen, um die
Thora, die darin liegt, zu schützen. So berühren wir, wenn wir
die Thora, die hebräische Bibel, in die Hand nehmen, den
Baum des Lebens, dessen "Blätter zur Heilung der Völker sind"
(Offenbarung des Johannes 22,2).

Inhalt

Vorwort

Als wir uns 1994 in Knesebeck (Niedersachsen) mit einer kleinen Gruppe zusammensetzten, um über die Gründung eines Lehrhauses zu reden, wurde deutlich, daß dieses Wort aus der jüdischen Tradition für viele sehr fremd ist. Überhaupt war es für die meisten nicht so klar, welche Bedeutung die jüdische Tradition für uns als Christen und Christinnen hat. So verabredeten wir eine Reihe von Abenden, um, ausgehend von biblischen Texten, über Israel nachzudenken. Was heißt Israel eigentlich, und warum kann es für uns wichtig sein, uns mit Israel zu beschäftigen? Vier Abende kamen zustande, an denen vier biblische Texte gelesen und besprochen wurden, die von der Erstlingschaft (hebräisch *bechora*) Israels inmitten der Völker und von dem Segen (hebräisch *beracha*) Israels für die Völker erzählen. Mit diesen beiden biblischen Grundworten *Erstlingschaft* und *Segen* und ihrem inneren Zusammenklang (der in den hebräischen Worten unüberhörbar ist) vernehmen wir nämlich einiges von der Bedeutung des Namens Israel. Die Texte, die gelesen wurden, sind: 1.Mose 4 (Kain und Abel), 1. Mose 9,18-29 (Noach und seine Söhne), 1.Mose 32,23-33 (Jakob und Esau) und 1.Mose 49 (Josef und seine Brüder). Sie bilden den Ausgangspunkt der Kapitel 1,2, 4 und 6 dieses Buches.

Zwei biblische Geschichten sind beim Schreiben dazugekommen. Die Geschichte von Abraham und Isaak, die wie keine andere Erzählung den Aufbruchcharakter des israelitischen Glaubens sichtbar macht, und die Geschichte von Rahel und Lea, die darauf hinweist, daß es in Israel, trotz des patriarchalen Rahmens, zutiefst nicht um Brüderlichkeit, sondern um Geschwisterlichkeit geht.

Die Bibelübersetzung, die im Knesebecker Lehrhaus benutzt wurde und auch in diesem Buch verwendet wird, ist "die Verdeutschung der Schrift" von Martin Buber und Franz Rosenzweig. Buber und Rosenzweig sind zwei Juden, die versucht haben, in ihrer Übersetzung den Wortlaut des hebräischen Originals festzuhalten, so daß für die Leser und Leserinnen der

Übersetzung eine Begegnung mit dem Original möglich wird. Die Übersetzung hat dadurch etwas Fremdes, was für eine echte Begegnung aber eher eine Chance als ein Nachteil ist.

Nach dem biblischen Hauptteil folgen zwei Kapitel, die weiterhelfen wollen, wenn man mehr über das Problem einer guten Bibelübersetzung und über die Tradition des Lehrhauses wissen will. Abgeschlossen wird das Buch mit einer Nacherzählung der Jakobsgeschichte von Ingrid Depner, die sie für den Religionsunterricht verfaßt hat. Ihr Text will ein Beispiel dafür sein, wie die Bibelauslegung, wie sie in diesem Buch dargeboten wird, für den Unterricht fruchtbar gemacht werden kann.

Gerard Minnaard
Uelzen, Dezember 1995

1 Die Blickrichtung des Gottes Israels
Kain und Abel

Die Geschichte von Kain und Abel fängt nicht damit an, daß zwei Kinder oder zwei Söhne geboren werden, sondern ein "Mann und sein Bruder" kommen zur Welt:

4,1 Adam erkannte Eva seine Frau,
    sie wurde schwanger, und sie gebar den Kain.
    Da sprach sie:
    Kaniti, d.h. "erworben habe ich" *einen Mann*
       mit dem Heiligen Israels[1].
  2 Sie fuhr fort zu gebären, *seinen Bruder*, den Abel.
    Abel wurde ein Schafhirt, Kain wurde ein Diener des Ackers.

Mit dieser Bezeichnung der beiden Söhne gibt der Text direkt am Anfang einen Hinweis, um was es in dieser Erzählung gehen wird: um das Zusammenleben eines Mannes mit seinem Bruder. Diese Frage nach dem Zusammenleben der Menschen ist für die ganze Bibel bestimmend, denn ein Mensch ist oder besser gesagt wird erst zum Menschen in der Begegnung mit anderen Menschen.[2] Menschlichkeit ist darum wesentlich Brüderlichkeit - Geschwisterlichkeit würden wir heute sagen. Denn auch das macht der Text sofort klar: Wir befinden uns in einer patriarchalen Geschichte. Ob wir trotzdem von diesen Texten in Hinblick auf unser *aller* Zusammenleben einiges lernen können, läßt sich vorab nicht entscheiden. Es wird sich zeigen müssen.

Betrachtet man das ganze Kapitel genauer, fällt auf, daß nur von Abel gesagt wird, daß er Bruder ist. Siebenmal hören wir seinen Namen, und siebenmal hören wir in Verbindung mit seinem Namen die Bezeichnung Bruder. Kain wird nie Bruder genannt. Dazu paßt, daß Abel in der Erzählung nur eine Nebenrolle spielt. Nirgendwo tritt er als selbständig handelnde Person in Erscheinung. Die Erzählung konzentriert sich auf Kain, und zwar auf Kain als einen Mann, der einen Bruder hat.

4,3 Es geschah nach Verlauf der Tage,
    Kain brachte von der Frucht des Ackers dem Heiligen

Israels eine Spende,
4 und auch Abel brachte von den Erstlingen seiner Schafe,
von ihrem Fett.
Der Heilige Israels achtete auf Abel und seine Spende,
auf Kain und seine Spende achtete er nicht.

Es gibt viele Überlegungen zu dem augenscheinlich so rätsel-
haften Verhalten Gottes. Das Opfer Kains sei nicht gut gewesen, sagen einige. Er habe nicht das Beste gebracht, und darin
würde deutlich werden, daß er sich Gott nicht völlig hingibt.
Zumindest - präzisieren andere - muß etwas in seinem Herzen
nicht stimmen, auch wenn es für uns unerkennbar ist. Denn
sonst würde Gott doch nicht so reagieren![3] Zu den traditionellen Auslegungsversuchen gehört auch die These, daß Gottes
Entscheidung zwar unverständlich ist, aber daß diese Unver-
ständlichkeit genau zu Gott passen würde, denn Gottes Weis-
heit ist höher als alle menschliche Vernunft. Wir Menschen
wollen alles verstehen und erklären. Vielleicht gibt es aber überhaupt keine Erklärung. Vielleicht soll der Glaube sich gerade
darin bewähren, daß er einfach vertraut, egal was passiert. So
gibt es viele Deutungen, von denen aber keine so richtig über-
zeugt. Zumindest bleibt das unangenehme Gefühl zurück, daß
hier etwas Ungerechtes passiert, daß Gott willkürlich den einen
annimmt, während er den anderen ablehnt. Es gibt aber noch
einen anderen Zugang zu dem Verhalten Gottes, der das Geschehen in ein anderes Licht rückt.

Kain ist der erstgeborene Sohn, und das ist in der damaligen
Gesellschaft etwas Besonderes. Der Erstgeborene ist das zu-
künftige Haupt der Familie, der neue Patriarch. Er wird die
Verantwortung für die Familie tragen und wird deshalb auch
zweimal soviel erben wie seine anderen Geschwister (5. Mose
21,17). Das alles gehört zu dem Segen, den er später von seinem Vater bekommen wird. Dieser Segen gilt der ganzen Familie, wird aber nur ihm als dem Repräsentanten des Ganzen
zugesprochen.

Neben Kain steht Abel, der Zweite. Ein Zweitrangiger. Und
nun passiert das Wunderbare, daß Gott an dem Ersten vorbei-
schaut und diesen Zweiten in den Blick nimmt. Der, der sowie-

so im Zentrum der Aufmerksamkeit steht, wird übergangen, und der, der am Rande steht, wird ins Zentrum gerückt. Das will nicht sagen, daß Kain etwas falsch gemacht hat oder daß mit ihm etwas nicht stimmt. Es heißt auch nicht, daß Gott Kain ablehnt, es heißt nur, daß er ihn nicht ansieht. Gott guckt nicht gleichzeitig in alle Richtungen, sondern nur in eine bestimmte Richtung. Das muß kein Problem sein! Zumindest nicht dann, wenn Kain der Blickrichtung Gottes nachfolgt und mit Gott auf Abel schaut.

Die Überlegung, daß das Verhältnis der beiden Brüder als Erster und Zweiter für den Verlauf der Geschichte entscheidend ist, wird durch den Namen Abel unterstützt, der übersetzt heißt: "Hauch", "Nichts". "Alles ist abel", sagt Prediger, wenn er die Nichtigkeit seiner Lebenszusammenhänge beschreiben will. Abel, man pustet, und er ist weg. Ein Nichtschen. Das gibt es immer in der Geschichte, daß einer stärker ist als der andere. Daß einer vorangeht, weil er älter ist und mehr Erfahrung hat oder weil er mehr Kraft mitbekommen hat. Die Frage ist aber, ob das ein Problem sein muß. Genauer gesagt, ob es zwingend ist, daß die Macht des Stärkeren zu einem Problem wird. Die Geschichte von Kain und Abel denkt über diese Grundfrage des menschlichen Zusammenlebens nach. Wie leben *stark* und *schwach* zusammen? Können sie in Gerechtigkeit und Frieden zusammenleben? Führt ihr Zusammensein zur Geschwisterlichkeit, oder lebt der Stärkere doch eigentlich immer auf Kosten des Schwächeren? Eine alte, aber immer noch sehr aktuelle Zuspitzung dieser Fragestellung finden wir bei dem jüdischen Geschichtsschreiber Flavius Josephus (1. Jahrhundert v.Chr.), der den Namen "Kain", der von dem hebräischen Wort "erwerben" herrührt, als "Besitzer" deutet. Kain und Abel oder: Das Zusammenleben der Menschheit als eine Geschichte von Besitzern und Habenichtsen. Und Gott guckte an den Besitzern vorbei ...

4,5 Das entflammte Kain sehr, und sein Antlitz fiel.
     Der Heilige Israels sprach zu Kain:
     Warum entflammt es dich?
     Warum ist dein Antlitz gefallen?

Die Frage Gottes an Kain, warum er die Augen abgewendet hat, warum er ihm nicht mehr in die Augen schaut, wird auf diesem Hintergrund als ernst gemeinte Frage verständlich. Gott ist wirklich überrascht, daß Kain seiner Blickrichtung nicht nachfolgt. Warum Kain? Warum freust du dich nicht mit mir über deinen kleineren Bruder?

Das wirkliche Problem mag wohl darin bestehen, daß Gott Abel ins Zentrum rückt, ohne Kain zu fragen. Wenn ich als der Stärkere entscheide, mich dem Schwächeren zuzuwenden, mag das noch angehen. Dann ist es Teil meiner Stärke, meine Gnade, daß der andere oder die andere nun auch einmal im Licht stehen darf. Ich bestimme dann auch, wie weit diese Hervorhebung geht und wie lange sie dauert. Passiert dies aber, ohne daß ich gefragt werde, wird's schwierig. Und genau diese Schwierigkeit signalisiert, daß Macht die Neigung hat, sich auf Kosten von anderen zu entfalten. Das muß nicht sein. Aber in der Welt, wie sie ist, geht es fast immer so. Darum ist es für die Abels dieser Erde eine himmlisches Geschenk, daß das biblische Grundschema der Menschlichkeit nicht eine Zweierbeziehung ist: Mensch - Mitmenschen, sondern eine Dreiecksbeziehung: Mensch - Mitmenschen - angesichts eines oder einer Dritten, die ihnen überraschendes Gegenüber ist.

Die Einseitigkeit Gottes, die uns in dieser Erzählung begegnet, zieht sich durch die ganze Bibel durch. Selig die Armen, heißt es z.B. in den messianischen Schriften[4]. Und die Reichen? Gehören sie nicht dazu? Und wir fügen schnell die andere Stelle hinzu, an der es heißt: Selig die Armen von Geist. Denn arm von Geist, das können wir alle sein. Doch wäre es falsch, die Anstoß erregende Einseitigkeit Gottes zu verdrängen. Der Gott Israels hat nun einmal eine gewisse Vorliebe. Gott mag Abel. Oder wie wir vielleicht aktualisierend sagen sollten: Gott liebt die Ostdeutschen. Und wenn wir bei einer solchen Aussage kurz unseren Ärger hinunterschlucken müssen, dann verstehen wir, was mit Kain los ist.

Die traditionelle Bezeichnung dieser einseitigen Blickrichtung heißt Erwählung. Gott erwählt die Seinen, heißt es dann meist, und andere verwirft er - siehe Kain. Gerade wegen der

Geschichte von Kain und Abel kann man aber mit guten biblischen Gründen anders von Gottes Erwählung reden. Gott erwählt die Abels unter uns, und in dieser Bewegung sind im Prinzip alle mit eingeschlossen. Eine Verwerfung findet nur dort statt, wo Menschen wie Kain sich selbst überraschend außerhalb der Bewegung dieser Auserwählung stellen, weil sie sich weigern, ihr nachzufolgen.

Die Partei ergreifende Einseitigkeit Gottes mag uns beunruhigen oder gar mißfallen, doch wahre Humanität lebt davon, daß wir vor allem auf die Zweitrangigen in der Gemeinschaft achten. Sie ist das Fundament der Vision von Humanität, wie die Bibel sie vor Augen hat und z.B. in Psalm 133 besingt:

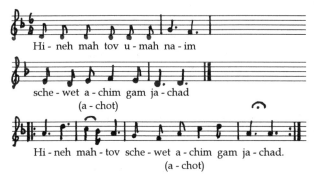

Hi - neh mah tov u - mah na - im
sche - wet a - chim gam ja - chad
(a - chot)
Hi - neh mah - tov sche - wet a - chim gam ja - chad.
(a - chot)

Sieh, wie gut und lieblich ists,
wenn Brüder (Schwester) einträchtig beieinander wohnen.

Die biblische Vision der Brüderlichkeit hat Geschichte gemacht. Freiheit, Gleichheit, *Brüderlichkeit* heißt es 1789 in der Französischen Revolution. Parolen einer weltweiten Vision, die nicht zuletzt auch in der deutschen Sprache unvergeßliche Worte gefunden hat: Alle Menschen werden Brüder! (Schiller) Doch diese Geschichte ist nicht die Erfüllung des biblischen Traums. Von der biblischen Geschichte her gesehen steht oder fällt die Brüderlichkeit mit der Zuwendung zu all denen, die nicht im Zentrum stehen. Nur so kann eine Solidargemeinschaft entstehen, die auf Dauer *alle* umfaßt. Diese Ausrichtung auf die Ränder der Gesellschaft wird allerdings durch das Wort Brüderlichkeit selbst schon verdeckt, insofern es die Frauen aus der brüderlich definierten Menschheit ausschließt. Diese Einschränkung kommt in der Französischen Revolution voll zum Tragen. So sind die *Menschen*rechte, die 1789 formuliert wurden, in Wirklichkeit zum größten Teil *Männer*rechte. Frauen bekommen z.B. kein Wahlrecht. Zwei Jahre später formuliert Olympe de Gouges deshalb die "Erklärung der Rechte der Frau und der Bürgerin [!]", in der es im 4. Artikel heißt: "Freiheit und Gleichheit bestehen darin, den anderen zurückzugeben, was ihnen gehört. So wird die Frau an der Ausübung ihrer natürlichen Rechte nur durch fortdauernde Tyrannei, die der Mann ihr entgegensetzt, gehindert. Diese Schranken müssen durch Gesetze der Natur und Vernunft revidiert werden."[5]

Die Begrenzung der Solidarität auf einige zerstört die ganze Vision, und der Traum von Brüderlichkeit verwandelt sich in die Realität der Bürgerlichkeit. In der "Erklärung der Menschen- und Bürgerrechte" kommt das Wort Brüderlichkeit dann auch nicht mehr vor. "Die Menschen werden *frei und gleich* an Rechten geboren und bleiben es ..." heißt es im 1. Artikel. Was an Stelle der Brüderlichkeit tritt, bringt die Erklärung der Menschen- und Bürgerrechte in der Verfassung von 1793 zum Ausdruck: "Diese Rechte ... sind: die *Gleichheit*, die *Freiheit*, die *Sicherheit*, das *Eigentum*."[6] Die Solidarität mit den Menschen am Rande der Gemeinschaft wird zur Solidarität der Eigentümer. Damit verliert aber auch die Freiheit ihre biblische Qualität. Freiheit ohne Brüderlichkeit gent nicht von der Verbundenheit der Menschen, sondern von ihrer Isolierung aus. "Sie läßt jeden Menschen im andern Menschen nicht die Verwirklichung, sondern vielmehr die Schranke seiner Freiheit finden."[7] Mit anderen Worten, der Mensch ist dem Menschen ein Wolf, und der Traum verwandelt sich in einen Alptraum.

Bei dem Versuch, die Vision der universalen Geschwisterlichkeit zu realisieren, gibt es noch eine andere Art, diesen Traum zu verdrehen und zu zerstören. Nun werden nicht Gruppen unmerkbar aus dem Geltungsbereich von Freiheit und Gleichheit ausgeschlossen, sondern sie werden gezwungen, ihre Eigenheit unkenntlich zu machen und mit der Mehrheit gleich zu werden. Besonders die Juden und Jüdinnen haben dies mit ihrer Befreiung aus den Ghettos erfahren, die mit den Parolen der Französischen Revolution gegeben war. Anders als die Frauen wurden sie aus der Unsichtbarkeit ins Licht der Öffentlichkeit gerückt, aber diese Hervorhebung geschah auf Kosten ihrer Eigenheit. Ihre Einbürgerung ging mit der Forderung einher, alles Jüdische im öffentlichen Leben abzulegen. Das Anderssein der jüdischen Minderheit wurde zurückgedrängt ins Private, wo es nicht auffällt und niemanden stört. "'Seine Majestät will, daß ihr Franzosen seid *und nichts anderes*'" ließ zwanzig Jahre nach der Revolution, der Kaiser [Napoleon] den neuen Bürgern verkünden ..."[8]

4,8 Es geschah, als sie auf dem Felde waren:
Kain stand auf wider Abel seinen Bruder und tötete ihn.
 9 Der Heilige Israels sprach zu Kain:
Wo ist Abel dein Bruder?
Er sprach:
Ich weiß nicht. Bin ich meines Bruders Hüter?
 10 Er sprach:
Was hast du getan!
Höre! Das Blut deines Bruders schreit zu mir aus dem Acker.

Stärker als die Schillersche Bejahung der Vision der Geschwisterlichkeit ist in Deutschland - zumindest in diesem Jahrhundert - ihre Ablehnung gewesen. Die vielen ermordeten Juden und Jüdinnen legen davon Zeugnis ab. Die Geschichte von Kain und Abel weist auf einen der Gründe hin, warum die Nationalsozialisten ausgerechnet die Juden und Jüdinnen als ihre Erzfeinde betrachtet haben. Die Juden haben das Gewissen erfunden, hat Adolf Hitler gesagt, und auf eine bestimmte Weise hatte er recht. Er hat gespürt, daß dieses Volk die Frage nach dem Bruder, die Frage "Wo ist dein Bruder Abel?" verkörpert. Ein Herrenvolk, das davon lebt, sich auf Kosten von anderen groß zu machen, kann diese Frage nicht ertragen und wird versuchen, ihre Verkörperung zu vernichten.

So schreibt der niederländische Jude Abel Herzberg 1944 in Bergen-Belsen in seinem Tagebuch: "Ja, nun weißt du, warum sie sich dem Judentum widersetzen. Ein Mensch muß 'hart' sein. Von Metall. Aber die Bibel sagt, daß du gerecht sein mußt.

Und sie sagt es nicht nur so: Sondern ihre Stimme schreit, schreit in deinem eigenen Blut: 'Kain, Kain, wo ist dein Bruder Abel?'

Oh, schweige, schweige - verfluchte schwache Stimme. Du, der Schuld fühlst, ohne zu morden, lasse mich morden ohne Schuldgefühl. Weg mit den Juden."[9]

Nein, es ist nicht unbedingt angenehm, von Gott erwählt zu werden. Die Geschichte hat das genügend gezeigt. Mit den Worten Elie Wiesels: "Als Kain Gott seine Hand segnend oder als Zeichen der Erwählung über Abel ausstrecken sah, hätte er seinen Bruder eigentlich bedauern und bemitleiden sollen, denn teuer zahlt der Mensch für die Gunst des Himmels."[10]

Ähnlich deutet Robert Raphael Geis, ein deutscher Rabbiner, der nach dem Krieg aus Palästina nach Deutschland zurückkam, die Verfolgung der Juden und Jüdinnen im Nationalsozialismus: "Wir haben es vielfach nicht wahrhaben wollen, wir wollten unserer Bestimmung entlaufen. Aber der Mann, der als unser bitterster Feind aufstand, der ein Drittel der Judenheit der Welt in den grausigsten Tod schickte, er nahm uns sehr ernst, wahrlich blutig ernst, ernster als wir uns selbst nehmen wollten. Er sah in seiner vereinfachenden Manier durch alle unsere Existenzformen hindurch bis zum tiefsten Kern unseres Wesens. Der Jude, das war für ihn der Mensch, aus dem in jedem Augenblick die Visionen der Propheten wieder aufsteigen konnten. Der Jude, das war der Mensch, der nicht müde wurde, an eine Welt der Gerechtigkeit und des Völkerfriedens zu glauben. Der Jude, das war der Mensch des sozialen Mitleidens. Wie sagte er doch selbst? 'Der Arier und der Jude, stelle ich sie einander gegenüber und nenne den einen Menschen, so muß ich den anderen anders nennen.' Nicht als Geschöpfe eines anderen Gottes, als Geschöpfe des einen-einzigen Gottes sind wir Juden in den Tod gegangen. Denn mag auch der einzelne Jude schwach sein und schwach werden wie jeder Mensch, als Gesamtheit, als Überrest Israels tragen wir eine Jahrtausende alte Gotteserfahrung in uns, die *kann* nicht sterben, die werden wir nicht los, auch dann nicht, wenn es lebensgefährlich wird, sie zu leben und bekennen zu müssen. Als Geschöpfe und Bekenner Gottes mußten wir der Staatsfeind des Dritten Reiches sein, und in all unserem Leid sagen wir noch heute 'Ja!' dazu, daß man uns in der Epoche tiefsten Niederganges als *den* Feind empfand. Nie, nie kann es sinnlos sein, für Gott sterben zu müssen.

Aber es gibt ein vielleicht noch erstaunlicheres Wort aus dem Mund des Mannes, der in seinen Nürnberger Rassegesetzen so gut zwischen Arier und Nichtarier die trennende Mauer aufzurichten verstand. Von ihm stammt der Satz: 'Der Jude sitzt immer in uns.' Was er damit meinte? Auch hier sah er letztlich richtig. Der Jude im Europäer, das bedeutete für ihn die ganze christliche Kultur, das war jeder Humanismus ... "[11]

Das Gewissen, das Mit-Wissen um die Blickrichtung Gottes, ruft zur Verantwortung für den Bruder und die Schwester. Es ruft zur Antwort auf die Frage: Kain, wo ist dein Bruder Abel? Wird diese Verantwortung verdrängt, werden die Beziehungen, in denen wir leben, zerstört. Die Beziehungen der Menschen untereinander und die Beziehung zu Gott, denn das eine ist die Kehrseite des anderen. Darum hören wir in der Erzählung vom Brudermord das Echo der Erzählung vom Bundesbruch mit Gott (im vorhergehenden 3. Kapitel). Die Frage Gottes "Mensch, wo bist du?" (3,9) kehrt wieder zurück in der Frage "Kain, wo ist dein Bruder Abel?". Und in beiden Fallen hören wir Gottes entrüsteten Aufschrei: "Was hast du da getan?" (3,10 und 4,13).

Neben den Beziehungen Mensch-Gott und Mensch-Mitmensch gibt es aber noch eine dritte Beziehung, die kaputtgeht, wenn Abels Leben zerstört wird. Das ist die Beziehung der Menschen zu der Natur:

4,11 Und nun, verflucht seist du hinweg vom Acker,
  der seinen Mund aufmachte,
  das Blut deines Bruders aus deiner Hand zu empfangen.
 12 Wenn du den Acker bedienen willst,
  nicht gibt er dir fortan seine Kraft.
  Schwankend und schweifend wirst du auf Erden sein.

Auch hier hören wir ein Echo aus 1.Mose 3, wo es heißt: "[Deshalb] sei verflucht der Acker um deinetwillen" (3,17). Verliert der Mensch Gott bzw. den Mitmenschen aus den Augen, wird er auch kein richtiges Auge für die Natur haben, in der er lebt. Auch diese Beziehung wird nicht länger Frucht tragen, denn ein Prozeß der Vernichtung läßt sich nun einmal nicht auf einen Teilbereich der Wirklichkeit begrenzen. In welchem Ausmaß der Acker von Unmenschlichkeit erschüttert werden kann, davon gibt es schon in der Bibel mehrere erschreckende Beispiele. Zum Beispiel Hosea 4,1-3:

> Höret die Rede des Heiligen Israels, Söhne Israels,
> denn der Heilige Israels hat einen Streit
> mit den Insassen des Lands,
> denn keine Treue und keine Huld
> und kein Erkennen Gottes ist mehr im Land:
> Fluchen, Lügen, Morden, Stehlen, Buhlen,
> das hat sich ausgebreitet,
> Bluttat rührt an Bluttat.
> Darum muß verfallen das Erdland,
> welken alles, was darauf siedelt,
> samt Getier des Felds, samt Vogel des Himmels,
> auch die Fische des Meers werden entrafft.

Konfrontiert mit den Folgen seiner Tat, wendet Kain sich an Gott und führt ihm den Kreislauf der alles zerstörenden Gewalt vor Augen:

4,13 Kain sprach zu dem Heiligen Israels:
> Allzu groß zum Tragen ist meine Verfehlung.
14 Da, du vertreibst mich heute vom Antlitz des Ackers,
> vor deinem Antlitz muß ich mich bergen,
> schwank und schweifend werde ich sein auf Erden, -
> es wird geschehen: allwer mich findet, tötet mich!
15 Der Heilige Israels sprach zu ihm:
> So denn,
> allwer Kain tötet, wird siebenfach geahndet werden.
> Und der Heilige Israels legte Kain ein Zeichen an,
> daß ihn unerschlagen lasse, allwer ihn fände.
16 Kain zog vom Antlitz der Heiligen Israels hinweg
> und wurde erst seßhaft im Land Nod, Schweife, östlich von Eden.

18

Kain wird von Gott gezeichnet. Man kann dieses Zeichen so auslegen, daß es Kain als Brudermörder brandmarkt, doch weist die Erzählung selber in eine andere Richtung. Das sogenannte Kainszeichen ist ein Lebenszeichen, das Kain beschützen soll. Ein Indiz dafür, daß der Erzählung mit ihrer Konzentration auf Kain mehr an einer selbstkritischen Auseinandersetzung mit dem Brudermörder liegt als an seiner Ausgrenzung und Verteuflung. Die Geschichte benennt die Zerstörung des Geringeren im Zusammenleben ganz deutlich, gleichzeitig will sie aber die Hörer und Hörerinnen davor behüten, sich allzu einfach von dieser mörderischen Struktur als etwas Fremdem zu distanzieren.

Die Frage, wer Abel und wer Kain, wer Opfer und wer Täter bzw. Täterin ist, läßt sich in der Realität des Zusammenlebens manchmal nicht einfach beantworten. Primo Levi, ein italienischer Jude, der Auschwitz überlebt hat, beschreibt, wie diese Grenze sogar in einer so eindeutigen Situation wie einem Konzentrationslager von einer Grauzone überschattet wird: "... das Netz der menschlichen Beziehungen innerhalb der Lager [war] nicht einfach: es war nicht auf zwei Blöcke reduzierbar, auf Opfer und Verfolger. Bei denen, die heute über die Geschichte der Konzentrationslager lesen (oder darüber schreiben), wird die Neigung, ja gerade das Bedürfnis offenkundig, das Böse vom Guten zu trennen, Partei zu ergreifen, die Geste Christi beim Jüngsten Gericht zu wiederholen: hier die Gerechten und dort die Verdammten."[12] Levi beschreibt, wie man unaufhaltsam in den Abgrund der Unmenschlichkeit mit hineingezogen wurde: "Ich erinnere mich mit einer gewissen Erleichterung daran, daß ich einmal versucht habe, einem gerade angekommenen achtzehnjährigen Italiener wieder Mut zu machen ... Aber ich erinnere mich auch, und mit Unbehagen, daß ich angesichts anderer Bitten weitaus öfter ungeduldig die Schultern gezuckt habe, und zwar, nachdem ich schon ein Jahr im Konzentrationslager war und infolgedessen eine gehörige Portion Erfahrung angesammelt hatte: aber ich hatte mir auch die wichtigste Regel dieses Ortes von Grund auf zu eigen gemacht, die vorschrieb, zuallererst an sich selbst zu denken."[13] Auf

Grund solcher Überlegungen kommt Levi zu der Einsicht: "Es ist nur eine Vermutung, ja eigentlich nur der Schatten eines Verdachts: daß jeder der Kain seines Bruders ist, daß jeder von uns (und dieses Mal gebrauche ich das Wort 'uns' in einem sehr umfassenden, geradezu universalen Sinn) seinen Nächsten verdrängt hat und an seiner Statt lebt."[14] Man verstehe diese Sätze nicht falsch! Sie geben uns einen Einblick in die alle betreffende Schuldproblematik einer kaputten Welt.[15] Sie relativieren nicht, sondern erweitern das Problem der Schuld, weit über das juristisch Erkennbare hinaus. Sie heben die folgenden Sätze Elie Wiesels darum keineswegs auf: "Aus Verachtung verwechseln Sie [gemeint sind alle, die, wie Hiobs Freunde, über das Leiden der Juden und Jüdinnen reden] die Opfer mit ihren Mördern. Ihre Überlegung: die Grenzen waren nicht so deutlich gezogen; schließlich waren nicht alle Opfer unschuldig, genauso wie nicht alle Mörder schuldig waren; schließlich hätten sich die Opfer unter anderen Umständen auch in Mörder verwandeln können. Das habe ich mehr als einmal von den Lippen mehr als eines Intellektuellen gehört. Eine ungerechte, unwürdige, verächtliche Hypothese, die die Toten posthum verleumdet und darauf abzielt, die Überlebenden in Mißkredit zu bringen. Nur derjenige ist ein Mörder, der getötet hat; wissen Sie das nicht?"[16] Das Lebenszeichen Kains ist nicht das letzte Wort der Geschichte. Denn was ist mit Abel? Kann die Geschichte abgeschlossen werden, ohne daß ihm Recht widerfährt?

4,25 Adam erkannte nochmals seine Frau,
        sie gebar einen Sohn
        und rief seinen Namen: Schet, Setzling!
        denn: gesetzt hat Gott mir einen andern Samen
        an Abels Stelle,
        weil ihn Kain erschlug.

Gott läßt Abel nicht fallen und schreibt seine, Abels, Geschichte mit Schet = Setzling = Stellvertreter weiter. Die Geburt dieses Stellvertreters atmet den Geist, der später in der Hoffnung auf die Auferstehung aus dem Tod Gestalt annehmen wird. Der Glaube an die Auferstehung aus dem Tod ist ein Schrei, daß

Sie rief seinen Namen: Schet, Setzling!

Zerstörung und Mord nicht das letzte Wort haben darf. Die Auferstehung aus dem Tod ist Gottes Antwort auf diesen Schrei. Gäbe es die Auferstehung aus dem Tod nicht, wäre die Geschichte abgeschlossen und das Unrecht unwiderruflich. Die Auferstehung aus dem Tod hält aber die Geschichte offen. Nur deswegen gibt es auch für Kain die Möglichkeit, sein weiteres Leben als eine Chance zur Umkehr zu verstehen. Gott gibt die Hoffnung nicht auf, daß Kain es lernt, sich mit ihm über Abel zu freuen. In dieser Hoffnung wird die Bibel sich von nun an aber auf die Abellinie konzentrieren, denn aus Schet, dem Stellvertreter Abels, wird Israel geboren werden.

Wie überraschend diese israelitische Option für die Unterlegenen ist, wird deutlich, wenn man sie mit der Grundentscheidung der römischen Gesellschaft vergleicht. Auch Rom erzählt von seinen Anfängen als einer Geschichte von zwei Brüdern - Romulus und Remus -, und auch dies ist eine Geschichte des Brudermordes. Doch nicht die Linie des Ermordeten Remus, sondern die des Brudermörders Romulus wird weitererzählt. Erzählt wird die *Geschichte des Siegers* - einer tragischen Gestalt, die in einem Grundkonflikt gefangen ist, in dem es leider immer wieder Opfer gibt.

Abel-Schet/Stellvertreter-Israel, das ist die biblische Grundlinie: Erzählt wird die *Geschichte des Opfers*, des ermordeten Bruders, den Gott in Israel auf(er)stehen läßt. In diesem Israel bewahrt Gott das Geheimnis seiner Geschichte, das Mit-Wissen um die Blickrichtung Gottes; das Mit-Wissen um die Verantwortung für den Mitmenschen. Auf dieses Israel legt Gott die Erstlingschaft und den Segen, denn in und durch ihn soll die Vision der Geschwisterlichkeit mächtig werden. Abel soll an die erste Stelle treten, und seine Herrschaft soll in ihrer Treue zu den Abels gesegnet werden. Ist das möglich? Kann es eine gesegnete Herrschaft geben, und wie sieht sie aus? Das wird *das* Thema der Heiligen Schrift sein. Mit dieser Frage wird Israel bleibend ringen. Ja, es wird sichtbar werden, daß Israel dieses Ringen *ist*.

2 Die Tragweite der Verantwortung
Noach und seine Söhne: Schem, Cham und Jafet

In seinem wunderschönen Buch "Der Letzte der Gerechten" erzählt André Schwarz-Bart die Geschichte von Erni Levy, einem
Gerechten im Zeitalter von Auschwitz. Er geht von einer alten
jüdischen Tradition aus, die er in der Einführung seines Buches
vorstellt: "Ihr zufolge ruht die Welt auf sechsunddreißig Gerechten, den *Lamed Waw*, die sich in nichts von den gewöhn-
lichen Sterblichen unterscheiden; häufig wissen sie selber nichts
von ihrer Berufung. Käme es aber dazu, daß auch nur ein ein-
ziger von ihnen fehlte, so würde das Leid der Menschen selbst
die Seelen der kleinen Kinder vergiften, und die Menschheit
würde in einem Aufschrei ersticken. Denn die *Lamed Waw* sind
das vervielfachte Herz der Welt, und alle unsere Schmerzen er-
gießen sich in sie wie in ein großes Gefäß. Tausende von volks-
tümlichen Erzählungen sprechen von ihnen. Ihre Anwesenheit
wird überall bezeugt. Ein sehr alter Haggada-Text erzählt, daß
jene *Lamed Waw* das größte Mitleid verdienen, die sich selber
unbekannt sind. Für sie ist das Schauspiel, das die Welt ihnen
bietet, eine unsägliche Hölle. (...) 'Wenn ein unerkannter Gerechter zum Himmel steigt', heißt es in einer chassidischen Erzählung, 'dann ist er so erstarrt, daß Gott ihn tausend Jahre zwischen seinen Fingern erwärmen muß, bevor seine Seele sich
dem Paradiese öffnen kann. Und man weiß, daß mehrere von
ihnen über das Unglück der Menschen auf ewig untröstlich
bleiben, so daß es selbst Gott nicht gelingt, sie zu erwärmen.
Dann stellt der Schöpfer, er sei gesegnet, von Zeit zu Zeit die
große Uhr des letzten Gerichts um eine Minute vor."[17]
   Um der Gerechten willen wird die Uhr vorgestellt und das
Kommen des letzten Gerichtes beschleunigt! Denn das Gericht
Gottes bringt nicht an erster Stelle Zerstörung, sondern Befreiung und ein Ende der Qual. So wie auch der 8. Mai 1945 gewiß
mehrere Seiten hat, letztendlich aber - und sei es in rückblik-
kender Erkenntnis - nur diese eine, die der Befreiung, entscheidend ist. Wie die Noachgeschichte zeigt, kann dies aber auch

andersrum erzählt werden, daß nämlich der Gerechte die Welt-uhr langsamer gehen läßt und das Kommen des Gerichtes auf-hält. Während Gott in dem einen Fall die Zeit beschleunigt, um den Opfern mutzumachen, ist er in dem anderen Fall langmütig gegenüber den Tätern, die das Weiterexistieren der Welt als Chance zur Umkehr verstehen lernen sollen. Was logisch ein Widerspruch ist, ist in der Form der Erzählung die Möglichkeit, unterschiedliche Gesichtspunkte darzulegen, die in die gleiche Richtung zielen: Ein Gerechter ist imstande, Himmel und Erde zu bewegen.

Noach ist ein Gerechter, auf hebräisch: ein Tsaddik. Martin Bu-ber und Franz Rosenzweig übersetzen mit "Bewährter", denn Tsaddik-Sein hat vor allem mit einem Verhalten in einer Bezie-hung zu tun; der Tsaddik ist derjenige, der sich in einer Bezie-hung bewährt. Interessanterweise ist der Tsaddik gleichzeitig einer, den wir als "einen Frommen" bezeichnen würden. Fröm-migkeit und Gerechtigkeit stehen nach jüdischem Empfinden in einer engen Beziehung zueinander, und zwar so, daß die Ge-rechtigkeit die Basis der Frömmigkeit ist und nicht umgekehrt, wie wir vielleicht spontan vermuten würden. Der israelitische Glauben ist alles andere als eine weltabgewandte Religion, er ist ein hartnäckiges Vertrauen, gegen die alltägliche Erfahrung, daß die Gerechtigkeit das letzte Wort haben wird.

Am Ende der Erzählung verspricht Gott Noach, nie wieder die Welt zu zerstören. Damit wird rückblickend noch einmal unter-strichen, daß nicht die Rettung einzelner Frommer Sinn der Er-zählung ist. Vielmehr wird in der Gestalt Noachs eine Überle-benschance für die ganze Menschheit aufgezeigt. Wenn die Ge-schichte, in der sich Katastrophe an Katastrophe reiht (vor dem 1. Weltkrieg, nach dem 1. Weltkrieg, vor dem 2. Weltkrieg, nach dem 2. Weltkrieg, zwischen den beiden Weltkriegen, so erzäh-len wir Geschichte), wenn diese Geschichte noch nicht endgül-tig in den Untergang geführt hat, hat das mit Menschen wie Noach zu tun. Sie halten der Hoffnung eine Tür offen und las-sen in einer untergehenden Welt einen alternativen Weg zum Leben sichtbar werden. Dieser Weg fängt damit an, daß Noach den fatalen Zusammenhang zwischen einer Welt, die an sich selbst zugrunde geht, und einem Gott, der daran leidet und das Ganze hinschmeißen will, durchbricht.

6,5 Gott sah: ja, groß war die Bosheit der Menschen auf Erden
und alles Gebild der Planungen seines Herzens bloß böse
all den Tag,
  6 da leidete es den Heiligen Israels,
daß er den Menschen gemacht hatte auf Erden,
und er grämte sich in sein Herz.
  7 Er sprach:
Wegwischen will ich vom Antlitz des Ackers
den Menschen, den ich schuf,
vom Menschen bis zum Tier,
bis zum Kriechgerege und bis zum Vogel des Himmels,
denn leid ists mir, daß ich sie machte.

Die Gottheit Israels ist keine unberührbare Gestalt, die auf ihrem Thron sitzt und nur nach bestimmten Schemata schaltet und waltet. Sie kann daran verzweifeln, daß es mit der Menschheit immer wieder schiefgeht, und kann daraufhin anarchistische Züge annehmen: Wegwischen will ich alles ... Doch dann heißt es:

6,8 Noach aber fand Gunst in den Augen des Heiligen Israels.

Nein. Es stimmt nicht. Es gibt Menschlichkeit oder besser gesagt es gibt diesen Menschen: Noach. Und darum stimmt es nicht, daß alles vergeblich ist. Im Prinzip gibt es die andere Menschheit. Weil es Noach gibt. Und so wird in Noach eine Welt sichtbar in Kontrast zu der Welt, die im Wasser ihr Ende finden wird.

7,21 Da verschied *alles* Fleisch, das auf Erden sich regt,
Vogel, Herdentier,
Wildlebendes und alles Gewimmel, das auf Erden wimmelt,
und *alle* Menschen,
  22 *Alles*, das Hauch, Braus des Lebens in seinen Nasenlöchern hatte,
was *alles* auf dem Festland war, es starb.
  23 Er wische *alles* Bestehende weg,
das auf dem Antlitz des Ackers war,
vom Menschen bis zum Tier, bis zum Kriechgerege
und bis zum Vogel des Himmels,
weggewischt wurden sie von der Erde.

Noach allein blieb übrig und was mit ihm in dem Kasten war
...
8,18 So zog Noach hinaus, seine Söhne,
     seine Frau und die Frauen seiner Söhne mit ihm,
   19 *alles* Lebendige, *alles* Gerege, *aller* Vogel,
        alles was auf Erden sich regt,
     nach ihren Sippen zogen sie aus dem Kasten.

Im gewissen Sinne geht das Ganze kaputt. Und im gewissen Sinne wird das Ganze gerettet. Wir sollten die Geschichte Noachs
deswegen nicht chronologisch, als ein Nacheinander verstehen.
Auch die Art der Erzählkomposition, daß die Erde sowohl vor
als nach der Flut von der Bosheit der Menschen verdorben ist
(1. Mose 6,1-4 bzw. 1. Mose 11), widerspricht einer solchen Chronologie. Sie zeigt auf, daß der Selbstzerstörungsdrang der Menschen eine Kontinuität des Lebens ist, in dessen Mitte die alles
bestimmende Katastrophe (die Flut) steht. Oder, und das ist die
Frage, vor die die Erzählung uns stellt, ist Noach die Mitte unseres Lebens? Was bestimmt unsere Blickrichtung, wenn wir
von Geschichte reden, die Katastrophe oder der Erstling? Was
ist das eigentlich: Geschichte? Kann man ein Leben, das vom
Tod bestimmt wird, Geschichte nennen? Vor dem 1. Weltkrieg,
nach dem 1. Weltkrieg, vor dem 2. Weltkrieg, nach dem 2. Weltkrieg, zwischen den Weltkriegen. Ist das nicht vielmehr ein Totentanz? Die Bibel kennt kein Wort für Geschichte. Die Vorstellung einer chronologischen Linie, an der entlang die Ereignisse
geordnet werden, ist relativ neu. Die Bibel kennt aber den Begriff Weg. Und da stoßen wir wieder auf diese merkwürdige
Einseitigkeit der Bibel: Es gibt nur einen Weg! Der Weg der Gerechtigkeit, das ist der Aus-Weg aus allem, was wir um uns
herum und in uns selbst kaputt machen. Noach verkörpert diesen Weg und mit ihm steht oder fällt die Geschichte der Menschheit.

Wir sollen uns Noach und mit ihm alle anderen Gerechten nicht
als Heroen vorstellen. Es gibt in der Bibel kein Heldentum in
unserem Sinne, zumindest nicht als etwas Positives. Das ist das
Schöne an dem Buch von André Schwarz-Bart "Der Letzte der
Gerechten", daß die menschliche Größe Levis nicht auf eine be-

sondere Persönlichkeitsstruktur oder Charakterstärke zurückgeführt wird, sondern auf eine Art von Erbarmen, zu dem wir alle fähig sind. Darum ist es auch gut, daß die Noachgeschichte mit einer kurzen Erzählung endet, in der die Geschichte zwischen Gott und Noach zu einer Geschichte zwischen Menschen wird, die für alle erfaßbar ist. In Anbetracht des Vorhergehenden hat diese Erzählung sogar etwas Banales. Doch gerade in der Banalität des Alltags ist von Segen und Fluch die Rede. So wird die "noachitische Dimension" der Geschichte vor Heiligsprechung bewahrt und in unser aller Leben hineingeholt.

9,20 Noach begann nun als der Mann des Ackers und pflanzte
     einen Rebgarten.
21 Als er vom Wein trank, berauschte er sich
    und lag kleiderbar mitten in seinem Zelt.
22 Cham, der Vater Kanaans, sah die Blöße seines Vaters an,
    er meldete es seinen zwei Brüdern draußen.
23 Schem nahm und Jafet das Tuch, sie legten es auf die
     Schulter zuzweit,
    sie gingen rückwärts und hüllten die Blöße ihres Vaters,
    ihr Antlitz rückwärts gewandt,
    sie sahen die Blöße ihres Vaters nicht an.
24 Noach erwachte von seinem Wein,
    ihm wurde bekannt, was sein kleinster Sohn ihm tat.
25 Er sprach:
    Verflucht Kanaan,
    Knecht der Knechte sei er seinen Brüdern!
26 Er sprach:
    Gesegnet der Heilige Israels, Gott Schems,
    Kanaan aber sei ihm Knecht!
27 Jafet - d.h. ausdehne
    Gott es dem Jafet,
    er wohne in den Zelten Schems,
    Kanaan aber sei ihm Knecht!

Es mag überraschen, wie hart hier geurteilt wird. Cham sieht die Blöße seines Vaters an, meldet es seinen Brüdern und wird verflucht. Ist es denn so schlimm, was er tut? Reagiert Noach nicht etwas übertrieben, weil er in einer für ihn etwas peinlichen Lage erwischt wurde? Oder werden wir hier mit altorien

Schem nahm und Jafet ...

talischen Schamgefühlen konfrontiert, die wir so nicht mehr kennen? Aber die Bibel ist doch sonst nicht so prüde. "Esset, Freunde, trinket und berauschet euch an der Minne!", das steht auch in der Bibel (Hoheslied 5,1). Es ist darum unwahrscheinlich, daß die Erzählung Betrunkenheit oder Nacktheit als etwas Negatives thematisieren will. Der springende Punkt ist ein anderer. Uns wird eine Situation vor Augen geführt, in der ein Mensch sehr verletzbar ist, und die Erzählung stellt uns vor die Frage, wie wir mit einer solchen Situation umgehen. Die biblischen Autoren und Autorinnen haben diesen Punkt der Verletzbarkeit - gerade in einer guten Situation - schon einmal als eine grundlegende Frage thematisiert. Das war in der Erzählung vom Paradies, wo die offene Blöße, die Nacktheit (hebräisch: arum) von Adam und Eva auf Grund der Listigkeit (hebräisch auch: arum) der Schlange sich in Mißtrauen verkehrte. Es ist sicher kein Zufall, daß diese beiden Worte, Nacktheit und Listigkeit, auf hebräisch nicht voneinander zu unterscheiden sind. Wo Menschen offen füreinander sind, wo sie einander nackt begegnen, sind sie auch sehr verletzbar. Ein kleiner Schritt reicht. Ein kleiner Schritt, der die Grenze des Respektes überschreitet, und alles wird zerstört.

In der Erzählung gibt es nur zwei Reaktionsmöglichkeiten: helfende Zuwendung oder schuldig werden. Auch das ist hart. Nicht weil die Bibel gern hart ist, sondern weil die Situationen, in die wir geraten, leider oft so hart sind. In Situationen, in denen andere von unserer Zuwendung abhängig sind, gibt es keine Möglichkeit der Neutralität. Man ist beteiligt, ob man will oder nicht, entweder zum Guten oder zum Bösen.

9,22 Cham, der Vater Kanaans, sah die Blöße seines Vaters an,
    er meldete es seinen zwei Brüdern draußen.
23 Schem nahm und Jafet das Tuch, sie legten es auf die
    Schulter zuzweit,
    sie gingen rückwärts und hüllten die Blöße ihres Vaters,
    ihr Antlitz rückwärts gewandt,
    sie sahen die Blöße ihres Vaters nicht an.

Cham schaut zu und macht das, was er gesehen hat, öffentlich. Man braucht nur kurz an die Presse zu denken, deren Rolle genau in diesem Zuschauen und Veröffentlichen besteht, um von dem Ernst und den Gefahren seines Auftretens durchdrungen zu sein. Welche Bilder werden uns vor Augen geführt und wie wird das getan? Geht man vorsichtig mit sensiblen Punkten um, oder wird rücksichtslos eingeblendet, weil sich das besser verkauft?

Was Cham denkt, wenn er seinen Brüdern die Blöße des Vaters meldet, wird nicht berichtet. Wenn seine Brüder daraufhin die Verletzbarkeit ihres Vaters zudecken, ist er allerdings nicht beteiligt. Ist es zuviel gesagt, wenn wir davon ausgehen, daß Cham sich von der Meldung der Schwäche seines Vaters einen Vorteil versprochen hat? Daß er einen Skandal erwartet, in dem sein Ansehen auf Noachs Kosten steigen wird? Ein Detail, das der Text fast nebenbei erwähnt, unterstützt eine solche Auslegung: "Noach erwachte von seinem Wein, ihm wurde bekannt, was sein *kleinster* Sohn ihm tat" (Vers 24). Cham, der Kleine, der versucht, sich auf Kosten von anderen großzumachen! Ein Kontrast zu Israel, dem Kleinen, der groß werden soll, und sicher auch eine Warnung an Israel, nicht auf Kosten anderer groß werden zu wollen. Israel soll sein wie Schem, der seine Funktion als Erstling wahrnimmt und im richtigen Tun vorangeht.

9,25 Er sprach:
Verflucht Kanaan,
Knecht der Knechte sei er seinen Brüdern!

Überraschenderweise heißt es nicht, daß Cham verflucht ist, sondern Kanaan. Offenbar will der Text nicht Cham als Person verfluchen, sondern die Handlungsweise Chams. Kanaan ist dementsprechend weniger die Bezeichnung für ein real existierendes Volk als vielmehr für eine Struktur von Taten à la Cham, d.h. eine "Kultur" der Scham- und Rücksichtslosigkeit. Israel hat dieses Kanaanitische als Widerstand gegen die Intention der eigenen Berufung kennengelernt. Als äußeren Widerstand, der von den anderen Völkern in seiner Umgebung ausgeht, aber auch als inneren Widerstand auf Grund der eigenen Anpassung an diese Völker.

Wie die Geschichte von Cham zeigt, ist das Kanaanitische so etwas wie die Normalität - insofern es normal ist in dieser Welt, mit den Ellenbogen zu arbeiten -, aus der Israel herausgerufen wird. Es ist nicht gleichzusetzen mit dem offenen Widerstand der Welt gegen diese besondere Geschichte Israels. Der hat in der Bibel einen eigenen Namen: Amalek. Amalek, das sind die Menschen, die Israel auf der Flucht aus Ägypten dort angreifen, wo die Kleinen und Schwachen versammelt sind (5. Mose 25,17-19). Amalek, das ist der eingefleischte Antisemitismus. So ist z.B. Haman, der im Estherbuch ein Pogrom gegen die Juden und Jüdinnen organisiert, ein Amalekiter. Und Hitler. Zwischen Amalek und Israel gibt es keinen Frieden, kann es keinen Frieden geben, denn Amalek haßt Abel und seinen Gott. Darum wird Israel dazu aufgerufen zu kämpfen "für den Heiligen Israels gegen Amalek, Geschlecht um Geschlecht!" (2. Mose 17,16). Amalek ist also *das* Gegenbild Israels als des Erstlings Gottes (2. Mose 4,22). "Vorhut der Völker" wird Amalek genannt (4. Mose 24,20), d.h., daß in ihm die bewußte und offene Form einer Aggressivität ans Licht kommt, die unterschwellig in allen Völkern vorhanden ist. Kanaan ist (noch) nicht Amalek, und der Unterschied zwischen beiden ist groß. Trotzdem geht es auch in Kanaan um Segen oder Fluch. Israel soll wissen, daß man kein offener Schuft sein muß, um schuldig zu werden.

Und Jafet, der mittlere Sohn zwischen Schem und Cham, wofür steht er?

Es gibt einen Talmudabschnitt[18], der auf das Verhältnis von Schem und Jafet eingeht.[19] Es geht dabei um einen schwierigen Vers aus unserem Text:

9,27 Jafet - d.h. ausdehne
    Gott es dem Jafet,
    er wohne in den Zelten Schems.

Der Talmud spielt mit einer anderen Übersetzung des Namens Jafet. Er verbindet den Namen Jafet mit dem hebräischen Wort für Schönheit und deutet dies auf die griechische Sprache. Diese Würdigung der griechischen Sprache ist eine Folge der ersten offiziellen Übersetzung der Schrift, die im 1. Jahrhundert vor unserer Zeitrechnung ins Griechische erstellt wurde. Damit war die Entscheidung gefallen, daß die besondere Geschichte von Israel und seinem Gott auch in eine andere Sprache und d.h. auch in einen anderen Kontext übertragen werden kann. Das Wort Gottes, das sich in einer einmaligen und einzigartigen Geschichte kundgetan hat, kann von dieser Geschichte her - ohne diese aufzuheben - in andere Geschichten hineingehen und auch dort auf genau so besondere Weise Geschichte machen. Die griechische Sprache steht also für die prinzipielle Übersetzbarkeit des hebräischen Geistes in andere Kontexte.[20] Septuaginta, 70, heißt diese griechische Übersetzung, denn, so lautet eine der Erklärungen, 70 ist die Vollzahl der Völker. Jafet, die griechische Sprache, steht somit - im Gegensatz zu Kanaan - dafür, daß die Völker sich von Israel und seinem Gott mitnehmen lassen können und in Gottes Geschichte dienen können. Die Abkehr der Völker von Amalek und ihre Hinwendung zu Israel fordert deshalb auch nicht einen totalen Bruch mit ihrer jeweiligen Geschichte und Identität. Die Völker sollen nicht aufgehen in Israel, sondern von Israel die "noachitische Dimension" in der eigenen Geschichte kennenlernen. Sie sollen nicht jüdisch, sondern menschlich werden! Dazu müssen sie das Kanaanitische, das ihnen anhaftet und sie bestimmt, ablegen, können aber alles, was übrigbleibt, freudig auf den Weg in eine andere, Abel gerecht werdende Zukunft mitnehmen. In dieser Umkehr und Umwälzung der eigenen Geschichte auf Abel hin, die eine gewisse Entwurzelung mit sich bringt, ziehen die Völker mit Israel hinaus. Wie es in Jesaja 2,2f. erzählt wird:

> Geschehn wirds in der Späte der Tage:
> festgegründet ist der Berg des Hauses des Heiligen Israels
> zu Häupten der Berge,
> über die Hügel erhaben,
> strömen werden zu ihm die Weltstämme alle,
> hingehn Völker in Menge,
> sie werden sprechen:
> "Laßt uns gehn, aufsteigen
> zum Berg des Heiligen Israels,
> zum Haus von Jakobs Gott,

> daß er uns weise in seinen Wegen,
> daß auf seinen Pfaden wir gehn!
> Denn Weisung fährt von Zion aus,
> von Jerusalem die Rede des Heiligen Israels."

Die Erzählung von den Söhnen Noachs bringt diese Wanderschaft der Völker zum Ausdruck, wenn sie von Jafet sagt: "er wohne in den Zelten Schems".

Darum ist es auch sehr treffend, daß nicht gesagt wird, daß Schem und Jafet das Tuch in die Hand nahmen, um Noach zuzudecken, sondern: "Schem nahm [Singular!] und Jafet ...". Die Initiative liegt ausschließlich bei Schem. Er geht voran, und Jafet geht mit ihm. Zuerst die Juden und dann die Griechen (bzw. die Völker) würde Paulus sagen. Das ist eine bleibende Reihenfolge, denn nur solange bleiben die Völker des Segens des Gottes Israels teilhaftig, als sie in den Zelten Schems wohnen, d.h. solange sie nicht vergessen, daß sie sich immer wieder neu an den Quellen der Thora zu nähren haben.

3 Glauben unterwegs
Abraham und Isaak

12,1 *Geh vor dich hin*
　　aus deinem Land,
　　aus deiner Verwandtschaft,
　　aus dem Land deines Vaters
　　in das Land, das ich dich sehen lassen werde ...

Mit diesen Worten hat Abrahams Weg angefangen. Mit einer Stimme, die ihn aufgefordert hat, mit seiner Umgebung zu brechen. "Geh vor dich hin", Abraham. Steige aus dieser Welt aus, in der es im wesentlichen darauf ankommt, koste es, was es wolle, hoch zu kommen und sich einen Namen zu machen.[21] Und Abraham war ausgestiegen, im Vertrauen auf die Stimme, die so anders klang als die üblichen Stimmen in seiner Umgebung. Er war ihr hinterhergegangen auf der Suche nach dem Land der Verheißung.

22,1 Nach diesen Begebnissen geschahs,
　　Gott prüfte Abraham
　　und sprach zu ihm:
　　Abraham!
　2 Er sprach:
　　Hier bin ich.
　　Er aber sprach:
　　Nimm doch deinen Sohn, deinen einzigen, den du liebst, Isaak,
　　und *geh vor dich hin* in das Land von Moria,
　　und höhe ihn dort zur Darhöhung auf einem der Berge,
　　den ich dir zusprechen werde.

Nach vielen Jahre hört Abraham zum zweiten Mal die vertrauten Worte. Zum zweiten Mal wird er gerufen, aufzubrechen. "Geh vor dich hin", Abraham. Und wieder geht Abraham, ohne der Stimme zu widersprechen. Das ist kein blinder Gehorsam, wie es oft dargestellt wird. Abraham ist nicht blind, er hat im Laufe der Jahre einiges gesehen. Von der Welt, wie sie ist, und von der Vision Gottes. Er hat Erfahrungen gemacht mit dem Gott, der ihn gerufen hat. Befreiende und heilende Erfahrungen, auch wenn es nicht immer einfach und leicht war. Darum geht Abraham. Im Vertrauen, daß die Stimme Gottes ihn nicht in die Irre führen wird, sondern zum Leben.

Die Geschichte von Abrahams zweitem Aufbruch spielt sich auf dem Hintergrund ab, daß es in der damaligen Zeit unter den Völkern nicht unüblich war, zu besonderen Anlässen die Erstgeborenen zu opfern. Es gibt davon einige Beispiele in der Bibel, z.B. 2.Könige 3,26-27:

> Als der König von Moab sah,
>   daß der Kampf ihm übermächtig war,
> nahm er 700 schwertzückende Männer mit sich,
> um zum König von Edom durchzustoßen,
> aber sie vermochten es nicht.
> Nun nahm er seinen erstgeborenen Sohn,
> der einst statt seiner die Königschaft antreten sollte,
> und höhte ihn als Darhöhung auf der Mauer ...

Solch ein Kinderopfer wird uns spontan entrüsten, aber es ist nicht so fremd, wie wir auf den ersten Blick denken mögen. Im Gegenteil. Es macht etwas sehr Bekanntes sichtbar: Politik, die über Leichen geht. Es ist wahr, die Zeiten haben sich verändert. Wir kennen diese alten Götter nicht mehr. Aber es werden noch immer Söhne und Töchter geopfert: im Namen des Nationalismus, des technologischen Fortschritts, des Produktionsstandorts Deutschland (man denke nur an die hohe Arbeitslosigkeit gerade auch unter den Jugendlichen), um nur einige moderne Götter zu nennen. Wir können uns dies, denke ich, nicht deutlich genug einschärfen: Das Kinderopfer gehört auch zu unserer Normalität. Verdrängen wir dies und gehen davon aus, daß sich der Text nur mit grausamen Praktiken einer fremden Kultur auseinandersetzt, mit denen wir schon längst gebrochen haben, werden wir uns vielleicht über den Text aufregen, aber er wird uns nicht wirklich treffen.

Auch Abraham ist in diese Welt, die über Leichen geht, verstrickt. Zweimal war er bereit, seine Frau in der Stunde der Gefahr zu *opfern*, und zweimal hat Gott befreiend eingegriffen (12,10-20; 20,1-18). Auch hatte Abraham, als die Angst zu groß wurde, mit Hagar ein Kind gezeugt, um die Zukunft sicherzustellen. Es war damals nicht ungebräuchlich, zu einer Nebenfrau zu greifen, wenn es mit der eigenen Frau nicht fruchten wollte. Im gewissen Sinne war es sogar eine Schutzbestimmung für die unfruchtbare verheiratete Frau, denn in den patriarchalen Gesellschaften von damals gab es ein Gesetz (das zwar nicht in der Bibel steht, aber in späterer Zeit auch für Israel belegt ist), daß eine Frau, die keine Kinder gebiert, nach zehn Jahren von ihrem Mann weggeschickt werden konnte. Damit war so eine Frau erledigt. Die Möglichkeit, von einer Magd dem Ehemann Kinder gebären zu lassen, die rechtlich Kinder der Herrin waren, sollte sie davor schützen, weggeschickt zu werden. Deshalb ist es Sarah, die Abraham den Vorschlag macht, Hagar zu nehmen. Wenn Abraham diese Möglichkeit ergreift, paßt er sich aus Angst um seine Zukunft der Normalität an, in der jeder und jede für sich sorgen muß und es letztendlich auf die eigene Potenz ankommt. Die Welt, aus der Abraham aufgebrochen ist, hat ihn eingeholt! Weil Abrahams Weg als verheißungsvolle Bewegung aufgehört hat, klingt erneut das "geh vor dich hin". Ging es das erste Mal darum, mit der Vergangenheit zu brechen, geht es nun darum, mit einer Zukunft zu brechen, die über Leichen geht. Das ist die Prüfung Abrahams.

Und Gott? Was bedeutet die Prüfung für ihn? Das Wort Prüfung kann leicht in die Irre führen, wenn wir dabei an ein Examen denken, bei dem nur für eine Seite wirklich etwas auf dem Spiel steht. Als ob Gott nicht auch von Abraham abhängig wäre! Gott hat mit Abraham eine Geschichte angefangen, und er will den begonnenen Weg mit Abraham weitergehen. Das macht den Gott Israels aus, daß er nur mit den Menschen und nicht ohne sie einen Weg suchen will. Das heißt aber, daß dieser Gott ein verletzbarer Gott ist, der in seinem Vertrauen, das er auf uns Menschen setzt, beschämt werden kann. Zugespitzt formuliert könnte man sagen, daß Gott in diesem Moment der Prüfung *seine* Zukunft mit den Menschen in Abrahams Hände legt!

Was Abraham hört, ist zweierlei. Er hört die vertraute Stimme Gottes: "Geh vor dich hin", und er hört Worte, die ihn eher an die vertrauten Worte seiner Vergangenheit erinnern: "Nimm deinen Sohn und höhe ihn zur Darhöhung." Den Konflikt, in den Abraham dadurch gerät - in den er in Wirklichkeit schon längst geraten ist, der aber jetzt offengelegt wird -, kann er nicht überblicken. Auch wenn der Text dazu schweigt, was im Inneren Abrahams vor sich geht, wir dürfen davon ausgehen, daß Abraham nicht versteht, was Gott von ihm will, und große Angst hat. In dieser Angst, in der Ungewißheit, was Gott mit ihm vorhat, antwortet Abraham: "Hineini", was übersetzt heißt: Hier bin ich. Er sagt das nicht zu irgendeinem Gott, der vielleicht doch den Tod und nicht das Leben bringen wird, sondern er sagt das zu seinem Gott, den er kennengelernt hat und dem zu vertrauen er gelernt hat. Dieses Vertrauen begleitet Abraham auf dem schwierigen Weg, der vor ihm liegt. Auf jeden Fall gibt der Text Signale, die auf ein solches Vertrauen Abrahams hinweisen. So läßt er unterwegs seine Knechte zurück und sagt: "Ich aber und der Knabe wollen bis drüben hin gehen, niederwerfen wollen wir uns und dann zu euch kehren." *Wir* kommen zurück! Und ein wenig später, wenn Abraham und Isaak weitergehen und Isaak fragt, wo denn das Lamm ist, antwortet Abraham: Gott ersieht sich das Lamm zur Darhöhung, mein Sohn. Und entweder ist das eine Lüge, weil Abraham die Wahrheit nicht über seine Lippen bringen kann, oder es ist eine hoffende und betende Vorahnung Abrahams, daß der Heilige Israels anders ist als die Götter dieser Welt und daß er sich als solcher offenbaren wird.

22,9 Sie kamen an den Ort, den Gott ihm zugesprochen hatte.
 Dort baute Abraham die Schlachtstatt
 und schichtete die Hölzer
 und band Isaak seinen Sohn
 und legte ihn auf die Schlachtstatt zuoberst der Hölzer.

In der jüdischen Tradition heißt die Geschichte von Abraham und Isaak "Akeda Jitschak", d.h. übersetzt "Bindung Isaaks". Abraham bindet seinen Sohn an Gott und legt ihn in seine Hände. Abraham entbindet damit Isaak vom Besitzanspruch

des Vaters und gibt ihn frei, damit er als Kind Gottes in dessen
Geschichte lebe. So wird das Kinderopfer im israelitischen Sinne umgewandelt. Festgehalten wird der Anspruch Gottes auf
das Kind, aber dieser Anspruch kommt darin zum Ausdruck,
daß Isaak *nicht* geopfert werden darf:

22,10 Abraham schickte seine Hand aus,
> er nahm das Messer, seinen Sohn hinzumetzen.

11 Aber ein Bote des Heiligen Israels rief ihm vom Himmel her zu
und sprach:
Abraham, Abraham!

12 Er sprach:
Hier bin ich.
Er sprach:
Schicke nimmer deine Hand nach dem Knaben aus,
tu ihm nimmer irgendetwas!

Dieses *nimmer* ist für den israelitischen Glauben grundlegend,
und die Propheten haben sich immer wieder mit Händen und
Füßen dagegen gewehrt, daß ihre Gesellschaft sich an eine
Normalität anpaßt, die das Leben der Kinder der Zukunft op-
fert oder auch nur solche Opfer in Kauf nimmt. Jeremia 19,3-5:

Höret die Rede des Heiligen Israels,
ihr Könige von Juda und ihr Insassen von Jerusalem!
So hat der Heilige Israels, der Umscharte,
> der Gott Israels, gesprochen:
Wohlan über diesen Ort
lasse ich ein Bösgeschick kommen,
daß, allwers hört, die Ohren ihm gellen, -
weil sie mich verließen, verfremdeten diesen Ort,
ließen aufrauchen dran anderen Göttern,
die sie nicht gekannt hatten,
sie, ihre Väter und die Könige von Jehuda,
füllten diesen Ort mit Blut von Unschuldigen,
bauten die Baalskoppen,
ihre Söhne zu verbrennen im Feuer,
Darhöhungen dem Baal,
was ich *nie* geboten habe,
nie geredet habe,
nie stiegs im Herzen mir auf.

Nie, nie, nie! Niemals darf in Israel jemand, und sei es für die besten Zwecke, geopfert werden. Niemals kann die neue Welt auf Opfern gebaut werden.

Abraham hat Gott vertraut. "Gott ersieht sich das Lamm zur Darhöhung, mein Sohn", hat er gesagt, als Isaak ihn fragte, wo denn das Opferlamm sei. (Vers 8). Und wenn Gott sich offenbart als einer, der kein Menschenopfer will, ruft er den Ort: "Der Heilige Israels ersieht". "Wie man *noch heute* spricht: auf dem Berg des Heiligen Israels wird ersehn" (Vers 14), fügen die Autoren und Autorinnen sofort hinzu. Denn der Berg Moria, von dem die ganze Zeit die Rede ist, ist kein anderer als der Berg, auf dem der Tempel in Jerusalem gebaut ist, *das* Zentrum des israelitischen Glaubens.[22] Es ist dieses Zentrum, das hier, ein für allemal, bestimmt wird. Der Gott, den Israel anbetet, ist dieser Gott, der das Leiden der Menschen *sieht* und sich befreiend und heilend den Menschen zuwendet - und kein anderer.

Dieser Gott will das Leben. Und trotzdem ist das zu wenig gesagt. Gott will das Leben, aber er will ein Leben nach seinem Willen. Er will, daß die Menschen in Mitmenschlichkeit leben und sich füreinander - beginnend bei Abel - einsetzen. Dabei kann es Situationen geben, in denen es einem um der Liebe willen, um der Treue willen zu Gott und den Mitmenschen an den Kragen geht. Für Christen und Christinnen ist dieses Problem in Jesus beispielhaft sichtbar geworden, wenn er in Gethsemane zu Gott betet: "Es geschehe nicht, was ich will [leben, überleben!], sondern was du willst [daß ich den Weg, den du, Gott, gezeigt hast und den ich bis jetzt gegangen bin, nicht verleugne, sondern, wenn es sein muß, mit meinem Leben bekräftige]" (Markus 14,36). Später wird Paulus genau diesen Punkt als entscheidendes Merkmal der messianischen Gemeinde hervorheben: "Ich ermutige euch nun, liebe Geschwister, durch die Barmherzigkeit Gottes, daß ihr eure Leiber hingebt als ein Opfer, das lebendig, heilig und Gott wohlgefällig ist. Das sei euer vernünftiger Gottesdienst." (Römer 12,1) "Kiddush hashem", "Heiligung des (göttlichen) Namens", nennt die jüdische Tradition diese Bereitstellung des Lebens in den Dienst

Gottes, die in der freiwilligen Hingabe des eigenen Lebens gipfelt. Das hebt Gottes Verheißung des Lebens nicht auf! Deshalb *muß* Gott auf das ihm anvertraute Leben antworten, auch wenn es nach menschlichem Verständnis zu spät ist. Er *muß* antworten, denn wo die Menschen seinen Ruf bejahen, ist er dafür verantwortlich, daß der Tod nicht das letzte Wort hat. Daran hängt *seine* Treue.

Viele Juden und Jüdinnen haben im Laufe der Jahrhunderte die Geschichte der Bindung Isaaks aufgegriffen, um sich mit der leidvollen Erfahrung ihres Volkes auseinanderzusetzen. Die Geschichte ermöglicht es, sowohl die Zugehörigkeit zu der Tradition, um derentwillen man verfolgt und ermordet wird, als Bereitschaft zur Treue Gottes zu verstehen, als auch Gott anzuklagen, daß er nicht befreiend und heilend eingegriffen hat.[23] Beides ist auch nach Auschwitz geschehen. So schreibt Emil L. Fackenheim: "Wie Abraham einst, so brachten die Juden Deutschlands vor 1933 und dann auch Europas ein Kindesopfer dar, und dies durch den einfachsten Akt jüdisch-religiöser Treue, Kinder zu haben und sie als Juden zu erziehen. Da waren aber zwei Unterschiede zwischen ihnen und dem Erzvater: Sie wußten nicht, was sie taten, und es kam keine Begnadigung."[24] Darum, weil es keine Gnade gab, müssen wir - so Fackenheim - die Geschichte von Abraham und Isaak anders verstehen lernen: "Einst wurde ich in Jerusalem von einem jungen Mann besucht, dessen Frömmigkeit ich keinen Grund hatte zu bezweifeln: Er trug die schwarze Kleidung der Ultra-Orthodoxen. 'Haben Sie je darüber nachgedacht', fragte er mich, 'warum Gott selbst zu Abraham spricht, wenn Er ihm den Befehl gibt, Isaak zu opfern, aber einen Engel sendet, um die Erlassung mitzuteilen?' Ich gab zu, darüber nicht nachgedacht zu haben. 'Gott hat sich über Abraham geärgert', fuhr er fort. 'Abraham hat die Prüfung nicht bestanden. Er ist durchgefallen. Als Er Abraham befahl, Isaak zu opfern, wollte Er Abrahams Weigerung. Er wollte nicht 'Ja', sondern 'Nein'." Darum ist Fackenheim auch anderer Meinung als viele seiner Glaubensgenossen und -genossinnen, die sagen, daß die Juden und Jüdinnen, die die Shoah nicht überlebt haben, mit ihrem

Tod den Namen Gottes geheiligt haben. Mitten in der Finsternis haben sie alle die Erinnerung an den Gott Israels mit ihrem Leben bezeugt und so seinen Namen geheiligt. Fackenheim lehnt dies ab und zitiert dazu die Lehrmeinung des Rabbiners des Warschauer Ghettos, Yitzhak Nissenbaum: "Dies ist nicht eine Zeit für *kiddush ha-shem*, sondern für *kiddush ha-chajim* [Heiligung des Lebens]. In früheren Zeiten wollten sie unsere Seele, und wir gaben ihnen unseren Körper. Jetzt aber wollen sie sowohl Seele wie auch Körper, und darum müssen wir jüdisches Leben heilig halten und es verteidigen."[25]

Ein anderer Jude, der das Motiv der Akeda wiederholt aufgegriffen hat, ist Elie Wiesel. In "Ani maamin, ein verlorener und wiedergefundener Gesang" läßt Wiesel Abraham, Isaak und Jakob vor Gottes Thron treten, um ihn mit dem jüdischen Leiden zu konfrontieren. Isaak erzählt:

In einem Wald
An einem Frühlingsmorgen.
Von Mördern und
Ihren Hunden umgeben,
Marschieren die Juden
Des benachbarten Dorfs in den Tod.
Einige erraten es,
Sagen aber nichts -
Andere gaukeln sich lieber etwas vor.

Das Wetter ist gut.
Die Sonne spielt
In den Ästen ringsum.
Ein Vogel singt und erzählt
Von dem Glück, singen zu können;
Ein anderer antwortet ihm.
In der Menge der Verurteilten
Sprechen
Ein älterer Mann
Und sein Sohn
Leise miteinander.
Der Vater glaubt an Wunder:
Alles kann geschehen,

Selbst im letzten Augenblick,
Es genügt, daß Gott es will.
Ohne seinen Sohn anzusehen,
Mahnt er ihn:
Mehr denn je
Geht es jetzt darum,
Nicht zu verzweifeln.
Und der Sohn fragt,
Ohne seinen Vater anzusehen:
Sag, tut es weh
Zu sterben?
Ich hatte Lust, ihnen zuzuschreien:
Ich, Isaak, sage euch:
Ja, es tut weh.
Aber ich wagte nicht,
In ihr so reines Gespräch einzugreifen,
Das mich an jenes
Erinnerte,
Das ich mit meinem Vater geführt hatte,
Seinerzeit,
In der Ferne. Nur hatten wir ein Recht
auf das Wunder - sie nicht. Und das tut mir weh,
Denn das verstehe ich nicht. Ich habe Angst
Zu verstehen.[26]

Ein wichtiger Anknüpfungspunkt im biblischen Text ist für Wiesel das Wort Opfer (Darhöhung), das in der lateinischen Übersetzung *holocaustum* heißt. So lauten die ersten Worte, die Wiesel Isaak an Gott richten läßt:

Erinnerst du dich an das Akeda?
Dort unten, auf dem Moria?
Von allen Menschen auf der Welt,
War ich der einzige, den du fordertest -
Als Holocaust.[27]

Wiesel, der das Wort Holocaust (Darhöhung, Opfer) in Verbindung mit Auschwitz geprägt hat, zitiert es hier in einem Zwiegespräch zwischen Gott und seinem Volk über die Bindung Isaaks, in dem Gott aufgefordert wird zu antworten, wie er einst Abraham und Isaak geantwortet hat. Ohne diesen

Hier bin ich ...

Hintergrund, ohne diese intime Beziehung, die auf die Ablehnung des Menschenopfers gebaut ist, ist das Wort, besonders in dem Mund von Christen und Christinnen, irreführend. Besser geeignet ist das mehr neutrale hebräische Wort *Shoah*, das Verwüstung, Katastrophe bedeutet (z.B. Jesaja 47,11), das von vielen Juden und Jüdinnen in diesem Zusammenhang benutzt wird und keine religiöse Färbung hat. Meist wird es mit dem Artikel gebraucht: *Hashoah*, *die* Katastrophe, um der Einmaligkeit des Grauens Ausdruck zu verleihen.[28]

Abraham vertraut auf die Treue Gottes. Er vertraut darauf, daß er sein Leben und das Leben seines Sohnes in Gottes Hände legen kann. Denn Gott ist ein Gott der Lebenden und nicht der Toten.

"Hineini", sagt Abraham, wenn Gott ihn ruft, sich zum zweiten Mal zum Aufbruch bereitzumachen. Hier bin ich. Ich bin bereit. Unter diesem Titel "Hineini" hat Abel Herzberg beim traditionellen Totengedenken in den Niederlanden am 4. Mai (1956) eines gewissen Rabbiners De Hondt gedacht. Herzberg schreibt:

"Es gibt aus der Zeit der Besatzung für jeden von uns einige Fakten, einige vollkommen unerwartete Augenblicke, die wir nie vergessen. Auch wenn alles aus jener Zeit aus unserem Gedächtnis verschwunden wäre, sie bleiben, sie setzen sich in uns fest, und wir tragen sie ein ganzes Leben lang mit uns. So wird mir immer im Gedächtnis bleiben, wie sich ein Jude verhielt, als sein Name aufgerufen wurde, daß er nach Polen deportiert werden sollte. Bepackt und beladen angetreten mit seinem armseligen Gepäck und seinem noch armseligeren Elend, stand er in einer Reihe von Schicksalsgenossen, und er schien etwas ungeduldig auf den Augenblick zu warten, an dem er an der Reihe war. Als sein Name gerufen wurde, trat er einen Schritt nach vorne und rief laut das hebräische Wort 'Hineini', was sagen will: 'Hier bin ich'. (...)

Ich weiß nicht, ob der Mann, von dem ich rede, als er aufgerufen wurde und antworten mußte, das Gefühl hatte, daß der Augenblick der höchsten Verantwortlichkeit angebrochen war. Es ist wahrscheinlich. Verantwortung natürlich nicht den Menschen gegenüber, die ihn aufriefen, für die er nur Verachtung haben konnte. Verantwortung übrigens niemandem gegenüber, wenigstens keinem Menschen gegenüber, sondern Verantwortung *für* jemanden, nämlich für sich selbst, für seine Persönlichkeit. Er sagte 'hier bin ich', und es war, als ob er sagen wollte: 'Hier ist der Mann, den ihr sucht' ... Es ist, als ob dieses letzte Wort dieses Mannes das Wort von all den Männern und Frauen gewesen ist, derer wir heute gedenken."[29]

4 Ringen um den Segen
Jakob und Esau

Wie wird Abel mächtig, ohne ein Kain zu werden? Mit dieser Frage setzt sich die Jakobsgeschichte auseinander.

25,21 Isaak flehte zum Heiligen Israels für seine Frau,
denn sie war eine Wurzelverstockte,
und der Heilige Israels ließ sich ihm erflehen:
Rebekka seine Frau wurde schwanger.

22 Aber die Kinder stießen einander in ihrem Innern.
Sie sprach:
Ist dem so,
wozu nur bin ich?
Und sie ging, den Heiligen Israels zu beforschen.

23 Der Heilige Israels sprach zu ihr:
Zwei Völker in deinem Leib,
zwei Nationen von deinem Schoß an sich trennen,
Nation wird stärker sein als Nation,
der Mächtigere wird dem Geringeren dienen.

24 Als sich nun ihre Tage erfüllten zum Gebären, da,
Zwillinge waren in ihrem Leib.

25 Dann fuhr der erste hervor, rötlich, überall
wie ein haariger Mantel,
sie riefen seinen Namen, Esau, Rauher.

26 Danach fuhr sein Bruder hervor, seine Hand faßte Esaus Ferse,
man rief seinen Namen Jakob, Fersehalt.

Wiederum ein Erster und sein Bruder. Die Geschichte von Kain und Abel wird noch einmal erzählt. Doch diesmal fällt das Licht nicht auf den Erstgeborenen, sondern auf den Zweiten, auf Abel. Seine Geschichte ist ja mit Schet ins Zentrum der Bibel gerückt worden und wartet auf Entfaltung. In Jakob wird es um Abel gehen, d.h. um einen Abel, der von der Geschichte gelernt hat und sich nicht unterdrücken oder gar totschlagen läßt. Abel steht auf und nimmt die Geschichte in die eigene Hand.

25,29 Einst sott Jakob einen Sud.
Esau kam vom Gefild, und er war ermattet.

30 Esau sprach zu Jakob:

Laß mich doch schlingen von dem Roten, dem Roten da,
denn ich bin ermattet.
Darum ruft man ihn mit Namen Edom, Roter.
31 Jakob sprach:
Verkaufe mir gleich des Tags dein Erstlingtum.
32 Esau sprach:
Wohl, ich gehe an den Tod, was soll mir da Erstlingtum!
33 Jakob sprach:
Schwöre mir gleich des Tags.
Er schwur ihm und verkaufte sein Erstlingtum Jakob.
34 Jakob aber gab Esau Brot und den Linsensud,
der aß und trank und stand auf und ging davon.
Verachtet hatte Esau das Erstlingtum.

Esau interessiert sich nicht für die Rechte und Pflichten, die mit
dem Erstlingtum zusammenhängen. Zukunft? Verantwortung?
Was soll's! Er lebt jetzt und hat Hunger. Und so ergattert Jakob
das Erstlingtum im Tausch für ein Linsengericht. Doch wenn
Isaak später auf seinem Sterbebett liegt und seinen erstgeborenen Sohn segnen will, hat Esau die Geschichte mit den Linsen
schon längst wieder vergessen, so daß Jakob sein "Recht" zu
verlieren droht. In dem Moment greift Rebekka ein und sorgt
dafür, daß Jakob als Esau verkleidet zu Isaak geht, um von ihm
gesegnet zu werden. Auf einmal fällt ein besonderes Licht auf
die Liebe zwischen der Mutter und ihrem jüngsten Sohn. Wir
sehen das Bündnis zwischen einer Frau und einem anderen
Zweitrangigen im Widerstand gegen den Patriarchen und seinen großen Sohn. Erzählt wird vom Aufstand der Geringen gegen die Mächtigen, denen das Erstlingtum egal ist. Esau hat es
verachtet, und Isaak scheint die Haltung seines Ältesten nicht
zu bekümmern.
    Wenn die Mächtigen sich verantwortungslos benehmen, ha-
ben die Geringeren dann nicht das Recht, ja sogar die Pflicht
einzugreifen? Oder sollen sie darauf warten, bis sie und die
Menschheit zugrunde gehen? Zu der Beantwortung dieser Frage gehört mehr als ein einfaches Ja oder Nein, denn eine echte
Perspektive entsteht nur, wenn die Geringeren wirklich anders
Geschichte machen werden. Mit anderen Worten, eine Perspektive entsteht nur, wenn Jakob, wenn er mächtig ist, Abel

treu bleiben und kein Kain werden wird. Und sogar damit ist es nicht getan. Wie wir sehen werden, läßt die grundsätzliche Frage, ob auf dem krummen Weg der Segensergatterung überhaupt Segen liegen kann, den biblischen Autoren und Autorinnen keine Ruhe. Wird Jakob in dem gemeinsamen Aufstand von ihm und Rebekka nicht doch auch schuldig? Es ist fast unglaublich, wie die biblischen Autoren und Autorinnen sich selbstkritisch mit dieser Frage auseinandersetzen. Abel/Jakob soll aufstehen, aber die Schuld, die seinem Aufstand fast unweigerlich anhaftet, darf nicht verdrängt werden. Sie wird in der Bibel sogar so ernst genommen, daß man sie in dem Namen Jakob zu einem Hauptthema der Erzählung gemacht hat:

25,26 Danach fuhr sein Bruder hervor, seine Hand *faßte* Esaus *Ferse*, man rief seinen Namen Jakob: *Fersehalt*.

27,36 Er [Esau] sprach [nachdem er gemerkt hat, daß Jakob von Isaak gesegnet wurde]:
Rief man darum seinen Namen Jakob, *Fersenschleicher*?
beschlichen hat er mich nun schon zweimal:
genommen hat er einst mein Erstlingtum,
und jetzt eben hat er noch meinen Segen genommen!

Der Vorwurf Esaus, daß Jakob ihn betrogen hat, wird Jakob nicht in Ruhe lassen. In diesem Gefühl, daß etwas stört, liegt eine Chance. Wenn Jakob dieses Gefühl ernstnimmt und sich damit auseinandersetzt, wird er in der Entfaltung seiner Macht der Perspektive der Brüderlichkeit treu bleibenen. Doch bevor es soweit ist, wird Jakob einen langen Weg zurücklegen müssen.

Das Bündnis zwischen der Frau und dem Geringeren hat funktioniert. Der Trick ist gelungen, und Jakob hat, als Esau getarnt, von Isaak den Segen zugesprochen bekommen:

27,28 So gebe dir Gott
vom Tau des Himmels
und von den Fetten der Erde,
Korns und Mostes die Fülle!
29 Völker sollen dir dienen,
Nationen sich dir neigen,
überwölbe deine Brüder kräftig,

dir neigen sich deiner Mutter Söhne.
Die dir fluchen, verflucht!
die dich segnen, gesegnet!

Der Segen verspricht Reichtum (Vers 28) und Herrschaft (Vers 29). Über den zweiten Teil des Segens sagt Benno Jakob, ein jüdischer Kommentator dieses Jahrhunderts: "Dieser Segen ist lediglich *politischer* Natur und hat nichts mit Jakob als einem Stammvater Israels zu tun. Den Patriarchen als solchen wird niemals *Herrschaft* verheißen."[30] Die etwas holperige Übersetzung "überwölbe deine Brüder kräftig" (Buber-Rosenzweig: Sei Herr deiner Brüder) versucht demgegenüber zum Ausdruck zu bringen, daß es hier nicht um eine normale Herrschaft geht. Dasselbe hebräische Wort "überwölben" hören wir auch in Psalm 117, wo es von Gott heißt:

Preiset, alle Völker, den Heiligen Israels,
rühmt ihn, all ihr Nationen!
Denn kräftig überwölbt uns seine Solidarität,
die Treue des Heiligen Israels währt in Weltzeit.
Preiset oh ihn!

Hier ist auch von Herrschaft die Rede, aber von einer himmlischen Herrschaft, die nicht unterdrückt und beherrscht, sondern solidarisch unterstützt. Genau diese besondere Qualität gilt auch für die Macht, die Jakob zugesprochen wird. Sie soll eine zeichenhafte Abspiegelung der Macht Gottes auf Erden sein.

Ähnliches schwingt in der Weissagung mit, die Rebekka vor der Geburt der beiden Brüder zu hören bekommen hat und an die wir uns bei dem Segen offensichtlich erinnern sollen:

Zwei Völker in deinem Leib,
zwei Nationen von deinem Schoß an sich trennen,
Nation wird stärker sein als Nation,
der Mächtigere wird dem Geringeren dienen.

"Älterer muß Jüngerem dienen", schreiben Buber-Rosenzweig wie die meisten Übersetzungen. Doch diese Übersetzung verengt das angesprochene Machtverhältnis auf das biologische Alter. Wird die Weissagung nicht auf den Altersunterschied reduziert, geht sie weit über die Umkehrung eines biologisch bedingten Machtgefälles hinaus. Sie behält dann ihre kritische Funktion auch gegenüber dem Jüngeren, wenn er zum Mächtigen geworden ist, und rückt die Frage nach der Qualität der Macht bleibend ins Zentrum.

27,34 Als Esau die Rede seines Vaters hörte,
    schrie er, einen Schrei, übermächtig groß und bitter,
    und sprach zu seinem Vater:
    mich, auch mich segne, mein Vater!
  35 Der sprach:
    Mit Trug kam dein Bruder und hat deinen Segen genommen.
  36 Er sprach:
    Rief man darum seinen Namen Jakob, Fersenschleicher?
      beschlichen hat er mich nun schon zweimal:
    genommen hat er einst mein Erstlingtum,
      und jetzt eben hat er noch meinen Segen genommen!
    Und sprach:
    Hast du mir nicht einen Segen aufgespart?
  37 Isaak antwortete, er sprach zu Esau:
    Da, zu einem, der kräftig überwölbt, habe ich ihn ja über
      dich gesetzt,
    all seine Brüder gab ich ihm zu Dienern,
    mit Korn und Most habe ich ihn belehnt, -
    dir, was also kann ich tun, mein Sohn?!
  38 Esau sprach zu seinem Vater:
    Hast du nur den einen Segen, mein Vater?
    mich, auch mich segne, mein Vater!
    Esau erhob seine Stimme und weinte.

Isaak wird auf die verzweifelte Frage Esaus nicht eindeutig antworten. Es gibt kein einfaches entweder-oder, es sei denn, die Antwort wäre: jawohl, es gibt nur einen Segen, so wahr es nur eine Menschheit gibt. Der Segen läßt sich nicht aufspalten, weil die Menschheit sich nicht aufspalten läßt. Isaak antwortet Esau:

27,39 Isaak sein Vater antwortete, er sprach zu ihm:
    Da! Von den Fetten der Erde
      wird dein Wohnsitz sein,
      vom Tau des Himmels von oben,
  40 auf deinem Schwert wirst du leben,

deinem Bruder wirst du dienen, -
es wird geschehen:
wenn du umherschweifen mußt,
zerrst du sein Joch von oben von deinem Nacken.

Der Text ist doppeldeutig. *"Von* den Fetten der Erde wird dein Wohnsitz sein, *vom* Tau des Himmels von oben." - Das wurde auch Jakob gesagt: "So gebe dir Gott *vom* Tau des Himmels und *von* den Fetten der Erde ..." Heißt das, daß Esau wie Jakob Anteil an der Fruchtbarkeit und dem Reichtum der Erde haben wird? Oder will Isaak umgekehrt sagen, daß Esau gerade *weg von, entfernt von* dem Fett der Erde und dem Tau des Himmels seinen Wohnsitz haben wird, weil er dies schon Jakob zugesprochen hat? Im ersten Fall bedeutet das "von" Teilhabe, im zweiten Fall genau das Umgekehrte: Nicht-Teilhabe, Ausschluß. Beide Auslegungen sind möglich, und vielleicht sind sie auch beide gemeint. Es ist nämlich gut möglich, daß die Doppeldeutigkeit, die in dem Wörtchen "von" steckt, von der Art der Herrschaft Jakobs abhängig ist. Ist die Herrschaft Jakobs ein Überwölben, dann ist das "von" bei Jakob ein sich ausbreitendes "von", das Esau solidarisch einschließt. *Vom* Himmel her kommt der Segen auf Jakob und *von* dort geht er auf Esau über. Ist die Herrschaft Jakobs aber unterdrückend, versteht Jakob das ihm zugesprochene "von" privat, dann fällt Esau raus. Wenn das passiert, verwandelt sich der "Tau von oben" in ein "Joch von oben" und der Wohnsitz wird zu gezwungenem "Umherschweifen". Dann aber "zerrst du [Esau] sein Joch von oben von deinem Nacken". Denn wenn der Aufstand Abels zur Unterdrückung führt, darfst auch du, Esau, aufstehen und die Herrschaft abschütteln.

Wird die Unterdrückung der anderen denn nie ein Ende haben? Gibt es nur das ewige Hin und Her zwischen Befreiung und Unterdrückung? Nein. Gerade die Jakobsgeschichte erzählt davon, daß die Bibel an der Perspektive festhalten will, daß einst - und einst heißt im Prinzip heute! - Geschwisterlichkeit auf Erde sein wird. Die Geschichte wird deutlich machen, daß das Herzstück der Befreiung die erhoffte Versöhnung der Menschen Ziel und Ende der Geschichte ist. Eine Vision übrigens, die auch den Weg (die Methode) des Aufstands in Grenzen hält.

Der Weg führt Jakob zunächst ins Ausland, denn Esau ist wütend und will ihn töten. Dort in der Fremde wird Jakob auf brutale Weise mit seiner eigenen Geschichte konfrontiert. Er findet Unterschlupf bei Laban, seinem Onkel, der sich sein *Bruder* nennt (29,15). Der wird ihn um Rahel *betrügen* (29,25) und ihn mit seiner ältesten Tochter Lea zusammenführen. Denn, so sagt Laban: "So tut man nicht an unserem Ort, die Geringere fortzugeben vor der Erstgeborenen ..." (29,26). Das sitzt! Der Betrüger wird betrogen, und das nicht nur heimlich. So muß Jakob am eigenen Leib lernen, was es bedeutet, Opfer einer trügerischen Macht zu sein. Er muß sich mit der eigenen Vergangenheit auseinandersetzen und lernen, was Macht bewirken kann. Der Höhepunkt dieser Konfrontation mit sich selbst findet aber erst statt, wenn Jakob sich auf den Weg macht, nach Hause zu gehen und den Grenzfluß des Landes Kanaan, den Jabbok, überqueren will.

32,23 In jener Nacht machte er sich auf,
      er nahm seine zwei Frauen, seine zwei Mägde
        und seine elf Kinder
      und fuhr über die Furt des Jabbok,
  24 er nahm sie, führte sie über den Fluß und fuhr über
        was sein war.
  25 Jakob blieb allein zurück. -
      Ein Mann rang mit ihm, bis das Morgengrauen aufzog.
  26 Als er sah, daß er ihn nicht übermochte,
      rührte er an seine Hüftpfanne,
      und Jakobs Hüftpfanne verrenkte sich, wie er mit ihm rang.
  27 Dann sprach er:
      Entlasse mich,
      denn das Morgengrauen ist aufgezogen.
  28 Er aber sprach:
      Ich entlasse dich nicht,
      du habest mich denn gesegnet.
      Da sprach er zu ihm:
      Was ist dein Name?
      Und er sprach:

Jakob.
29 Da sprach er:
Nicht Jakob werde fürder dein Name gesprochen,
sondern Israel: 'der mit Gott ringt',
denn du ringst mit Gottheit und mit Menschheit
und übermagst.
30 Da fragte Jakob, er sprach:
Vermelde doch deinen Namen!
Er aber sprach:
Warum denn fragst du nach meinem Namen!
Und er segnete ihn dort.
31 Jakob rief den Namen des Ortes: Pniel, Gottesantlitz, denn:
Ich habe Gott gesehen,
Antlitz zu Antlitz,
und meine Seele ist errettet.
32 Die Sonne strahlte ihm auf, als er an Pniel vorüber war,
er aber hinkte an seiner Hüfte. -
33 Darum essen die Söhne Israels bis auf diesen Tag
die Spannader nicht, die auf der Hüftpfanne liegt,
denn an Jakobs Hüftpfanne an der Spannader hat er gerührt.

Ein Mann ringt mit Jakob. Wer ist dieser Mann? Ein Flußdämon? Esau? Gott? Oder ringt Jakob mit sich selbst? Wollen wir
versuchen, uns diesem Ineinander zu nähern, fangen wir am
besten mit der Oberfläche der Erzählung an: dem Flußdämon.
Eine solche Vorstellung ist in der damaligen Zeit nichts Unge-
wöhnliches, und an der Sache, die darin zum Ausdruck
kommt, hat sich eigentlich auch nichts verändert. Der Flußdämon ist eine symbolische Gestalt, die deutlich macht, daß
man beim Überschreiten einer Grenze in einen anderen Machtbereich kommt. So etwas wie der Bundesgrenzschutz also. In
diesem Fall gehört der Machtbereich, den Jakob betritt, Esau.
Insofern ist klar, daß es in der Erzählung über diesen Dämon
um Esau geht. In moderner Sprache würde man sagen, daß dieser Dämon die unbewältigte Vergangenheit ist, die zwischen
Esau und Jakob steht und die Jakob immer mit sich herumge-
schleppt hat. Diese Vergangenheit steht nun auf einmal lebens-
groß vor ihm. Der Schatten Esaus kommt zum Leben und greift
Jakob an.

In dem Kampf will Jakob gesegnet werden. Das ist überraschend, denn er hat sich den Segen doch schon längst erschlichen. Offenbar weiß Jakob, daß man sich Segen nicht erobern, sondern ihn nur geschenkt bekommen kann. "Was ist dein Name?" ist die Reaktion des nächtlichen Gegners auf Jakobs Bitte um Segen. Dazu muß man wissen, daß ein Name nicht einfach ein beliebiges Etikett ist, sondern Ausdruck der Geschichte eines Menschen. Der Name benennt programmatisch die Rolle, die ein Mensch in der Geschichte zu spielen hat. Welche Rolle spielst du, Jakob, in der Geschichte? fragt der Schatten Esaus, wenn Jakob um den Segen bittet. Ich bin Jakob, sagt Jakob, und diese fast banal klingenden Worte sind einer der Höhepunkte der Geschichte. Der Name Jakob heißt nämlich, wie wir schon vernommen haben, Fersenschleicher. Das ist einer, der sich hinterlistig nach vorne schleicht. Wofür dieser Name gesellschaftlich gesehen steht, hören wir in Jeremia 9,4-5:

> Hüten müßt ihr euch,
> jedermann vorm Genossen,
> nimmer wähnt euch sicher
> jeglicher beim Bruder,
> denn jeglicher Bruder
> *jakobt als ein jakob* - schleicht als Fersenschleicher,
> jeglicher Genosse
> trägt Verleumdung feil.
> Sie beschwindeln
> jedermann den Genossen,
> treulich reden können sie nicht ...

Am Sterbebett seines Vaters hatte Jakob, um den Segen zu bekommen, auf die Frage nach seinem Namen geantwortet, er sei Esau (27,18ff.). Nun sagt er, wiederum, um den Segen zu gewinnen, er sei Jakob. Es ist das erste Mal, daß Jakob in der Geschichte seinen eigenen Namen nennt. In diesem Moment bekennt Jakob sich zu seiner Geschichte. Ich bin Jakob. Ich bin ein Betrüger. Ich bin ein Kleiner, der sich schuldig gemacht hat, und ... ich will trotzdem gesegnet werden! "Ich lasse dich nicht los, du segnest mich denn." Darin liegt die unüberwindliche Stärke Jakobs. Er hat verstanden, daß Aufstand, berechtigter

Aufstand, nicht automatisch gesegnet ist. Er weiß, daß man sich bei der Rebellion, bei der Anstrengung für eine heilsame Veränderung der Geschichte schuldig macht. Und so, *in* dieser Anstrengung und mit dieser Schuld will er gesegnet werden.

Die Bibel übergeht die Schuld der Geringeren nicht, als wäre es nur ein Randproblem auf dem Weg der Befreiung. Im Gegenteil, sie legt den Finger darauf und fordert eine Auseinandersetzung mit ihr. Esau weinte, als er erfuhr, daß Jakob sich den Segen erschlichen hat. Vielleicht hat sein Weinen nicht zur Umkehr geführt, wie der Hebräerbrief in den messianischen Schriften anzunehmen scheint ("Ihr wißt ja, daß er, als er hinterher den Segen Gottes doch erben wollte, abgewiesen wurde; denn er fand keinen Ort zur Umkehr, mochte er auch unter Tränen sie suchen"). Doch die jüdische Tradition hat die Tränen Esaus sehr ernst genommen.

"Irgendwo in Mitteleuropa, jenseits des Horizonts, zwischen Warschau und Lublin, gab es einmal einen Weiler, dessen Name, Kotzk, träumen und zittern ließ. Es ist 1839. Es ist Winter, und es schneit. Die Stille der Nacht umhüllt die einfachen Häuser. Niedrighängende Wolken, eine verlassene Straße, alles schläft; das Dorf scheint verlassen. Ein Freitagabend. In einem rustikalen Gebäude machen die passioniertesten, die anspruchsvollsten Anhänger des Chassidismus sich fertig für die erste Sabbatmahlzeit. Im Lehrhaus, um den rechteckigen Tisch mit der traditionellen weißen Tischdecke, fühlen die Chassidim überhaupt keine Kälte. Sie schauen alle nur aufmerksam auf einen angespannten und traurigen Mann: den Rebbe.

Er hatte vernommen, daß schon wieder Pogrome wüteten gegen die Juden in Polen und Rußland. Wütend haute er mit der Faust auf den Tisch und rief: 'Ich fordere Gerechtigkeit und daß der höchste Gesetzgeber sich seinen Gesetzen unterwirft!' Und weil man an jenem Sonnabend den Abschnitt lesen würde über Esau, der sein Erstlingtum an Jakob verkauft, ging er weiter: 'Im Talmud steht geschrieben, daß Esau später drei Tränen vergoß, so bedauerte er den Tausch; für diese drei Tränen bezahlen wir mit unserem Blut, das nicht aufhört zu fließen seit unserem langen Exil. Wie lange noch werden wir zahlen müssen? Wird es denn nie aufhören?" (Elie Wiesel[31])

Die Tränen Esaus behüten die Jakobs in ihrem Aufstehen vor Selbstgerechtigkeit. Sie fordern, die Schattenseite des eigenen Handelns ernst zu nehmen. Auch sind sie ein Zeichen dafür, daß man trotz allem an der Menschlichkeit der Esaus der Geschichte festhalten und damit die Perspektive der Versöhnung offenhalten will. Dies alles liegt in dem Bekenntnis Jakobs zu seinem Namen beschlossen.

In dem Moment, in dem Jakob sich zu seinen Fehlern bekennt, wird er ein neuer Mensch. Er bekommt einen neuen Namen:

32,29 Nicht Jakob werde fürder dein Name gesprochen,
       sondern Israel: "der mit Gott ringt" ...

und er bekommt den Segen. Der Name wirft auch ein neues Licht auf die Gestalt, mit der Jakob gerungen hat. "Der mit Gott ringt!" Im Flußdämon hat also Gott selbst Jakob angegriffen und zur Rechenschaft gezogen. "Ich habe Gott gesehen", sagt Jakob schließlich rückblickend. "Ich habe Gott gesehen, Antlitz zu Antlitz, und meine Seele ist errettet." In dem Kampf mit Gott als Stellvertreter Esaus hat Jakob sich selbst überwunden und den Schatten, den er mit sich getragen hat, besiegt. Nun ist er bereit. Mit Gottes Hilfe wird er Esau, seinem Bruder, in die Augen sehen können.

33,1 Jakob hob seine Augen und sah,
       da, Esau kam und bei ihm vierhundert Mann.
       Nun verteilte er die Kinder auf Lea, auf Rahel und auf
         die zwei Mägde,
   2 die Mägde mit ihren Kindern tat er voran,
       Lea und ihre Kinder dahinter,
       Rahel und Josef zuhinterst,
       selber schritt er vor ihnen her.
   3 Er verneigte sich siebenmal zur Erde, bis er an seinen
         Bruder herantrat.
   4 Esau aber lief ihm entgegen,
       er umarmte ihn, fiel ihm um den Hals und küßte ihn.
       Und sie weinten.

Mich, auch mich segne, mein Vater!

Es ist sehr schön zu sehen, wie die biblischen Autoren und Autorinnen dann die Begegnung mit dem Bruder und die nächtliche Konfrontation mit Gott ineinander schieben. Nach der versöhnlichen Umarmung sagt Jakob zu Esau:

> 33,10 möchte ich doch Gunst in deinen Augen gefunden haben,
>   daß du meine Spende aus meiner Hand nehmest.
>   *Denn ich habe nun doch einmal dein Antlitz gesehen,*
>   *wie man Gottheitsantlitz ansieht ...*

Jakob sieht das Angesicht Gottes auf dem Angesicht Esaus. Gott hat ihn in der Nacht am Jabbok auf diesen Moment vorbereitet. Er hat um Esaus willen sein Angesicht gezeigt, damit Jakob nun in der Begegnung mit Esau selbst sich daran erinnert, was hier auf dem Spiel steht. Das heißt nicht, daß Gott wichtiger ist als Esau und daß es in allem eigentlich um Gott geht. Es ist vielmehr so, daß Gott die Tiefe und die Bedeutung der Beziehung unter den Menschen offenbart. Gott ist der Garant dafür, daß Jakob in Esau nicht den Menschen sieht, der er ist, sondern den Menschen, der er werden kann. Mit Gottes Hilfe sieht Jakob *in* Esau nicht den Feind, sondern *den Bruder* auf sich zukommen. Gott ist also nicht wichtiger als der Bruder. Er ist das Gewicht des Bruders! Einmal, wenn Gott alles in allen sein wird, können wir vielleicht alle einander ohne Angst direkt in die Augen gucken und das Geheimnis unseres Menschseins berühren, ohne es kaputt zu machen. Bis dahin ist Gott, wie paradox das auch klingen mag, fast immer der kürzeste Weg zum Bruder und zur Schwester.

Gott die Ehre geben heißt Verantwortung füreinander übernehmen. Mit Sätzen wie diesem versucht Emmanuel Lévinas die Parallelität der Beziehungen zwischen Gott und Mensch und unter den Menschen zu umschreiben. Der Mitmensch, und dabei müssen wir - so Lévinas - uns an erster Stelle die Abels der Geschichte vor Augen stellen, ist der andere, der auf mich zukommt, mich anguckt und mich zur Verantwortung ruft. Dieser Mitmensch steht mit mir nicht auf gleicher Ebene. Er kommt von oben auf mich zu ... wie Gott.[32]

Die Konfrontation mit Esau, die in der Begegnung mit Gott entscheidend angefangen hat, muß in der öffentlichen Begegnung mit Esau selbst zu Ende gebracht werden. Dabei klingt noch einmal das Wort Segen. Jakob zeigt auf die Spende, die er für Esau mitgebracht hat, und sagt: "So nimm denn meinen *Segen*, der dir [Esau] gebracht worden ist!" (33,11) Das ist es! Der Gesegnete läßt den Bruder am Segen teilhaben. Das ist die erhoffte Ausbreitung des Segens Jakobs auf Esau. Das ist das Zeichen einer Herrschaft anderer Art.

Am Ende der Geschichte wird der Name Israel, der in der Nacht am Jabbok zum ersten Mal erklungen ist, von Gott selbst feierlich ausgerufen werden.

35,10 Gott sprach zu ihm:
Jakob ist dein Name,
Jakob werde nicht fürder dein Name gerufen,
sondern Israel soll dein Name sein.
Und er rief seinen Namen: Israel!

Im Hören dieses Rufs wird Israel von Gott her als Erstling eingesetzt, als Anfang einer Menschheit, die ringt um Humanität und um Segen auf dem Weg zur Geschwisterlichkeit. Das Ringen mit Gott um den Segen trotz des eigenen Versagens, und das Ringen mit sich selbst, um dieses Versagen nicht auf Kosten anderer zu verdrängen, wird von nun an Israels Identität prägen. Von diesem Ringen her ist Israel bezeichnet und gezeichnet: "Er aber hinkte an seiner Hüfte" (32,31).Von den Kindern Jakobs wird gesagt, sie seien aus seiner Hüftpfanne geboren (1.Mose 46,26), so daß die Hüftpfanne auf den Geschlechtsteil Jakobs hinweisen könnte. In diesem Fall wäre die Berührung der Hüftpfanne durch den "Engel" mit der Beschneidung am männlichen Glied vergleichbar. Gott verwundet den Berufenen in seiner Potenz, damit er nie vergißt, daß Gott selber und nicht er Vollstrecker der Geschichte ist.

Das Ringen Israels hat noch eine Seite, die im Laufe der Jahrhunderte zunehmend die jüdische Identität geprägt hat. Es ist das Ringen mit Gott um Zuwendung und Beendung des Exils, der nicht abreißenden Leidensgeschichte des jüdischen Volkes.

Ein besonderes Zeugnis dieses Ringens in unserem Jahrhundert ist "Jossel Rakovers Wendung zu Gott" von Zvi Kolitz. Der Text entstand 1946, doch Kolitz gab ihm die Fassung eines Testamentes aus dem Warschauer Ghetto, geschrieben am 28. April 1943 in den letzten Stunden des Aufstands: "Ich will Dir klar und offen sagen, daß wir jetzt mehr als in jeder früheren Epoche unseres unendlichen Leidensweges - wir, die Gepeinigten, die Geschändeten, die Erstickten, die lebendig Begrabenen und lebendig Verbrannten, wir, die Beleidigten, die Erniedrigten, die Verspotteten, die zu Millionen Umgebrachten -, daß wir jetzt mehr als je zuvor das Recht haben zu wissen. Wo liegen die Grenzen Deiner Geduld?

Und noch etwas will ich Dir sagen: Du sollst den Strick nicht zu sehr anspannen! Denn er könnte - Gott verhüte! - noch reißen. (...)

Ich sag Dir das, weil ich an Dich glaube, weil ich mehr an Dich glaube, als je zuvor - weil ich jetzt weiß, daß Du mein Gott bist. Denn Du kannst doch nicht der Gott jener sein, deren schreckliche Gewalttaten so strotzen vor Gottlosigkeit. (...)

Ich bitt' Dich auch nicht, Du sollst die Schuldigen schlagen. Es liegt in der schrecklichen Natur der Geschehnisse, daß sie sich zum Schluß selber schlagen werden - weil in unserem Tod das Gewissen der Welt getötet worden ist. Weil eine Welt gemordet wurde im Mord an Israel. (...)

Du hast alles getan, daß ich an Dir irre werde, daß ich nicht an Dich glaube. Ich sterbe aber, wie ich gelebt hab', in felsenfestem Glauben an Dich.

Gelobt soll sein auf ewig der Gott der Toten, der Gott der Vergeltung, der Gott der Wahrheit und des Gesetzes, der bald Sein Gesicht wieder vor der Welt enthüllen wird und mit Seiner allmächtigen Stimme ihre Grundfesten erschüttert!

'Sch'ma Jisroel! Adoschem E'lokejnu, Adoschem Echod! Bijidecho Adoschem afkid ruchi!

Höre Israel! Der Herr ist unser Gott, der Herr ist Einer! In Deine Hände, o Herr, empfehle ich meinen Geist!'"[33]

In diesem Ringen mit Gott um seine Zuwendung wird etwas von dem Geheimnis des Namens Israel sichtbar. Ich halte Dich fest, auch wenn Du mich fallen läßt! "Ich entlasse dich nicht, du habest mich denn gesegnet!"

Damit ist das Hauptthema des ersten Buches Mose sichtbar geworden: Das Werden Israels inmitten der Völker. Israel als Erstling Gottes (2.Mose 4,22), der gesegnet wird, damit alle in ihm gesegnet werden.

Zwei Völker in deinem Leib, zwei Nationen von deinem Schoß an sich trennen", wurde Rebekka gesagt. Das eine Volk heißt Esau - "das ist Edom" (1.Mose 36,1); ein östliches Nachbarvolk, das Israel oft Schwierigkeiten bereitet hat (siehe z.B. Psalm 137,7). Edom ist in der jüdischen Tradition ein Bild für die Feindschaft der Völker geworden. Nicht im Sinne Amaleks, sondern im Sinne Kanaans. Das Römische Reich wird Edom genannt werden und später die Christenheit! Und trotzdem erzählt Israel eine Geschichte der Versöhnung mit Edom. Oder besser gesagt, gerade deswegen! Denn die Feindschaft der Völker wird nicht das letzte Wort haben, sondern der israelitische Traum der vereinten Nationen.

Das zweite Volk heißt Israel. Aber dieses Volk ist kein Volk im üblichen Sinne. Das heißt nicht, daß es nur ein Modell oder ein Experiment ist. Israel ist beides oder besser gesagt ist die Geschichte dieses Ineinanders - bis heute.

Nicht sichtbar geworden ist, was - oder wer - Esau bewogen hat umzukehren. Esau hat Jakob gehaßt, und er wollte ihn umbringen, doch er umarmt ihn und sie weinen. Was ist mit ihm in dieser Nacht passiert? Hat auch er sich dazu durchgerungen, sich zu allem, was er getan und verdrängt hat, zu bekennen? Hat er seinen Haß auf Jakob erkannt und durchgründet? Hat er die vielen, vielen Tränen Israels an sich vorbeigehen sehen? Wir sollten über diese unbeschriebene Nacht Esaus gut nachdenken, denn es ist unsere Nacht.

5 Der Weg der Versöhnung
Rahel und Lea

Im Zentrum der Geschichte der beiden Brüder Jakob und Esau steht die Erzählung von den zwei Schwestern Rahel und Lea und von der Geburt ihrer Kinder, die später Israel heißen werden. Jakob ist vor seinem Bruder geflohen und befindet sich im Ausland. Hier, im Exil, bauen Rahel und Lea das Haus Israels, wie es im Buch Ruth heißt (4,11). Die Verhältnisse, in denen dies geschieht, sind geprägt von Betrug und Unterdrückung. Zwar versucht Laban, bei dem Jakob Unterschlupf gefunden hat, ihre Beziehung mit dem Schein der Brüderlichkeit zu verschleiern, doch Jakob benennt seine Lage in Labans Haus rückblickend ohne Schonung:

31,41 Zwanzig Jahre nun sinds mir in deinem Haus,
    vierzehn Jahre habe ich um deine Töchter dir gedient,
    sechs Jahre um deine Tiere,
    und zehnmal hast du meinen Lohn geändert.
  42 Wäre nicht meines Vaters Gott für mich gewesen,
    Abrahams Gott, Isaaks Schrecken,
    lohnleer ja hättest du mich nun weggesandt.
    Aber Gott hat *die Unterdrückung* und das Mühen meiner Hände
    gesehen ...

Die Pervertierung der Beziehungen hat damit angefangen, daß Laban Jakob betrogen und ihm statt der von ihm geliebten Rahel (der Geringere wählt die Geringere![34]) ihre ältere Schwester Lea zur Frau gegeben hat. Ein langer Streit zwischen den beiden Frauen ist die Folge, in dem sie beide mit den ihnen zur Verfügung stehenden Mitteln um eine Lebensperspektive kämpfen.

Am Anfang dieses Streites beschreibt Lea, nach der Geburt des ersten Sohnes, ihre Situation mit ähnlichen Worten, wie wir sie gerade aus dem Mund Jakobs gehört haben:

29,32 Angesehn hat der Heilige Israels meine Unterdrückung,
    ja, jetzt wird mein Mann mich lieben!

Der äußere Druck schlägt nach innen und zerstört die Beziehungen, gerade auch zwischen denjenigen, die am stärksten die Leidtragenden der schwierigen Verhältnisse sind. Solidarität zwischen Opfern ist ein seltenes Gut. Meistens versuchen die einzelnen Personen einen privaten Weg aus der Misere zu finden, der fast immer auf Kosten anderer geht. Eine unheilvolle Verstrickung von Opfer- und Täterin-Sein ist die Folge. So bekommt die Geschichte der beiden Brüder Jakob und Esau, in der es um das Verhältnis von Israel zu den Völkern geht, in der Erzählung von Rahel und Lea eine vertiefende Mitte, in der die internen Verhältnisse in Israel inmitten der Völker angesprochen werden. Daß die biblischen Autoren und Autorinnen bei diesem Werden Israels von negativen Rahmenbedingungen ausgehen, ist nur realistisch. Das Experiment der Humanität findet mehr Widerstand als Zustimmung, wie die Geschichte der Menschheit immer wieder gezeigt hat. Genauso realistisch ist es, daß sie die Folgen der negativen Rahmenbedingungen und das Suchen nach einen Ausweg als eine Erzählung von Frauen zur Sprache bringen. Sind es doch fast immer Frauen, die als erste die Folgen von Verarmung und Willkür zu spüren bekommen und austragen müssen.

Anders als bei Jakob und Esau, die einander ohne direkte Konfrontation schließlich umarmen, ist bei Rahel und Lea ihr nicht enden wollender Streit Hauptthema der Geschichte.

29,31 Der Heilige Israels sah, daß Lea die Gehaßte war,
und er öffnete ihren Schoß,
Rahel aber blieb wurzelverstockt.

Das hebräische Wort für Mutterschoß ist gleichzeitig das Wort für Erbarmen, Mit-leid(en). In der Zuwendung Gottes zu Lea kommt beides zusammen. Gottes Erbarmen öffnet Leas Schoß. Auf diese Weise wollen die Autoren und Autorinnen deutlich machen, daß die Geburt des Kindes und die Geschichte, die mit ihm in Gang kommt, nicht Frucht der Begegnung von Jakob und Lea ist. Es gibt zwischen diesen beiden keine zukunftsträchtige Begegnung. Jakob ist nicht imstande, mit Lea mitzuleiden, während Lea dadurch auf Selbstmitleid zurückgeworfen wird, was genauso unfruchtbar ist.

Wir dürfen das auf keinem Fall so verstehen, daß wir an der Geburt eines Kindes die Qualität der Beziehung zwischen den Eltern oder ihr Gottesvertrauen ablesen können! Es geht darum, zu lernen, daß Kinder nicht primär Produkt der Natur, sondern Frucht der Begegnung und der Zuwendung sind. Kinder sind keine biologischen Produkte, d.h., das sind sie natürlich auch, aber vor allem sind sie Geschöpfe in einem Netzwerk von Beziehungen. Das biblische Verständnis von Leben ist anders als in unseren naturwissenschaftlich geprägten Gesellschaften. Bei uns ist das Leben an sich heilige Pflicht. Man muß geboren werden, und man muß weiterleben. Keine Abtreibung, keine Euthanasie. Wie man lebt, mit oder ohne Arbeit, mit oder ohne Dach über dem Kopf, einsam oder nicht, das ist weniger wichtig. Man darf verrecken. Aber man muß leben. In der Bibel ist Leben vor allem ein Beziehungsbegriff. So ist die Geburt eines neuen Menschen erst mit dem Rufen des Namens abgeschlossen, mit der damit ausgesprochenen Einladung, an der Geschichte teilzunehmen. Denn Mensch wird man nicht von sich aus, sondern in der Begegnung mit anderen Menschen.

Die Notwendigkeit, so über Natur und Geschichte zu reden, ist ein schlechtes Zeichen. Es zeigt, daß im Laufe der Geschichte etwas kaputtgegangen ist, das auch der Natur ihren natürlichen Charakter genommen hat. Es gibt keine unverdorbene, von Menschenhand unberührte Natur mehr. Auch die Natur ist durch das Verhalten der Menschen in Mitleidenschaft gezogen worden und wartet darauf, nachdem sie geschichtlich zugrunde gerichtet worden ist, geschichtlich befreit und versöhnt zu werden. Wie z.B. Jesaja 11,6-9 hofft:

> Dann gastet der Wolf beim Lamm ...
> Nicht übt man mehr Böses ...
> denn die Erde ist voll von Erkenntnis des Heiligen Israels ...

Diese Vision wird nicht Fleisch in Samenerguß und Gebären, sondern darin, daß von Gott her eine Zukunft eröffnet wird. Deshalb geht es in Israel um die Erstlingschaft und nicht um Erstgeburt, weil das, was natürlich so sein müßte - das Erbarmen der Stärkeren über die Geringeren -, so natürlich nicht ist. Deshalb wird Israel nicht einfach geboren, sondern im Laufe einer Geschichte ins Leben gerufen.

Deshalb sind alle Mütter Israels wurzelverstockt, unfruchtbar.

Deshalb muß Abraham, indem er "seinen" Sohn abgibt, lernen, daß die Zukunft nicht die Folge seiner Potenz ist, sondern ein Geschenk Gottes.

Und deshalb wird Jesus nicht von Josef gezeugt, sondern vom Heiligen Geist empfangen und von der Jungfrau Maria geboren - weil die Geschichte, die im Namen Abels geschrieben wird, nicht von Männern gemacht, sondern als Wunder des Erbarmens vom Himmel her geboren wird.

29,32 So wurde Lea schwanger und gebar einen Sohn,
und sie rief den Namen: Ruben, Siehe, ein Sohn;
denn sie sprach:
Angesehn hat der Heilige Israels meine Unterdrückung,
ja, jetzt wird mein Mann mich lieben!
33 Wieder wurde sie schwanger und gebar einen Sohn
und sprach:
Ja, gehört hat der Heilige Israels, daß ich die Gehaßte bin,
so hat er mir auch diesen gegeben.
Und sie rief seinen Namen: Schimon, Erhörung.
34 Wieder wurde sie schwanger und gebar einen Sohn
und sprach:
Jetzt, diesmal wird sich mein Mann mir anhangen,
ich habe ihm ja drei Söhne geboren.
Darum rief sei seinen Namen: Levi, Hangean!
35 Wieder wurde sie schwanger und gebar einen Sohn
und sprach:
Diesmal will ich danksagen dem Heiligen Israels!
Darum rief sie seinen Namen: Jehuda, Danksage.
Dann hörte sie auf zu gebären.

Vier Söhne hat Lea geboren: Siehe, ein Sohn - Erhörung - Hangean - Dank. Genug Grund zu der Hoffnung, daß Jakob sie schätzen und annehmen wird. Und Rahel? Wird sie der Blickrichtung Gottes in Richtung Lea nachfolgen können und sich mit Gott und ihrer Schwester über die Zukunft, die ihr eröffnet wurde, freuen?

30,1 Rahel sah, daß sie dem Jakob nicht gebar,
  Rahel neidete ihrer Schwester.
  Sie sprach zu Jakob:
  Her mir Kinder!
  wo nicht, sterbe ich.

Rahel kann sich nicht freuen, denn sie sieht in Leas Glück nur eine Bedrohung. Nun deutet auch nichts in Leas Worten auf eine Zuwendung in Rahels Richtung, die sie zur Teilhabe an einer gemeinschaftlichen Geschichte einladen würde. Im Gegenteil. Wenn "Hangean" wahr wird, wenn Jakob sich tatsächlich an Lea hängt, wird Rahel als kinderlose Frau mit ihrem Geliebten ihren Anteil an Israel verlieren. Um dem Versinken in Vergessenheit vorzubeugen, greift Rahel zu der Notlösung, die wir schon von Sarah kennengelernt haben, und sie bekommt über ihre Magd Bilha zwei Kinder. Auch die Namen dieser Kinder erzählen eine Geschichte:

30,5 Bilha wurde schwanger und gebar Jakob einen Sohn.
  6 Rahel sprach:
  Gerichtet hat Gott mich und auch erhört hat er meine Stimme,
  er hat mir einen Sohn gegeben.
  Darum rief sie seinen Namen: Dan, Gericht.
  7 Wieder war Bilha, Rahels Magd, schwanger und gebar
  Jakob einen zweiten Sohn.
  8 Rahel sprach:
  Einen Gotteskampf habe ich mit meiner Schwester gekämpft
  und habe übermocht.
  Sie rief seinen Namen: Naftali, Kampf.

Gericht (Dan) heißt der erste Sohn Bilhas. Was ist damit gemeint? Gerichtet hat Gott mich, sagt Rahel. Inwiefern? Ist es Gottes Gericht, daß sie keine Söhne bekommen hat, damit sie lernt, Lea vorgehen zu lassen oder zumindest neben sich zu dulden und mit ihr einen gemeinsamen Weg zu suchen? Und deutet der Name des zweiten Sohnes (Naftali, Kampf) und seine Erklärung ("einen Gotteskampf habe ich mit meiner Schwester gekämpft und habe übermocht") darauf hin, daß sie sich dazu durchgerungen hat, in Lea etwas anderes als nur eine Rivalin zu sehen?

Als Rahel sich in ihrer Verzweiflung an Jakob wandte, hatte er sie irritiert und schroff zurückgewiesen:

30,2 Jakobs Zorn entflammte wider Rahel,
er sprach:
Bin ich denn an *Gottes* Statt,
der dir die Frucht des Leibes vorenthalten hat?!

Ich bin nicht Gott, sagt Jakob, und das ist richtig. Seine Antwort ist aber auch eine einfache Lösung, sich dem Konflikt zu entziehen. Gut ist an dieser schlechten Antwort, daß Rahel nun weiß, daß sie ihr Heil, ihre Heilung, nicht bei Jakob, sondern bei Gott und Lea suchen muß. Diesen Weg scheint Rahel tatsächlich zu gehen, so lassen sich auf jeden Fall die beiden Namen Dan und Naftali verstehen. In der Auslegung des Namens Naftali - "einen Gotteskampf habe ich mit meiner Schwester gekämpft und habe übermocht" - spricht Rahel nämlich Worte, die später in Jakobs Kampf am Jabbok noch einmal erklingen: "... Israel, denn du ringst mit Gottheit und mit Menschheit und übermagst." Hören wir diese beiden Stellen zusammen, dann dürfen wir davon ausgehen, daß Rahel an diesem Punkt in ihrer Geschichte, ähnlich wie später Jakob, erfährt, daß Gott um Leas willen mit ihr um Geschwisterlichkeit ringt, und sie in der Beziehung zu ihrer Schwester über ihren Schatten springt. Rahels Streit ist damit nicht zu Ende, aber sie weiß, daß sie in diesem Streit das Lebensrecht ihrer Schwester berücksichtigen muß. Ohne ihre Schwester wird es keinen Frieden geben.

30,9 Als nun Lea sah, daß sie aufhörte zu gebären,
nahm sie Silpa, ihre Magd, und gab sie Jakob zur Frau.
10 Silpa, Leas Magd, gebar Jakob einen Sohn.
11 Lea sprach:
Glück zu!
Sie rief seinen Namen: Gad, Glück.
12 Silpa, Leas Magd, gebar Jakob einen zweiten Sohn.
13 Lea sprach:
Zu meiner Seligkeit! denn selig preisen mich die Töchter.
Sie rief seinen Namen: Ascher, Selig.

Die Töchter jubeln wie im Hohenlied (6,8f.), denn sie, Lea, ist die Königin. Aber warum muß sie dann in dem undurchsichtigen Tauschgeschäft, das folgt, eine Nacht mit Jakob erkaufen? Die Glück-Selig-keitsgeschichte der Lea ist wohl eher trotzig zu verstehen und nicht als Beschreibung der Realität. Sie dient der Selbstbehauptung einer zwar offiziell anerkannten, aber immer noch nicht geliebten Frau.

Die kleine und merkwürdige Erzählung, die folgt und die Geburtsgeschichten unterbricht, ist der einzige Moment in der ganzen Geschichte, in dem Rahel und Lea miteinander reden. Von Zuneigung ist dabei nichts zu spüren. Es geht vielmehr um ein Tauschgeschäft.

30,14 Ruben ging in den Tagen der Weizenernte
und fand Minneäpfel auf dem Feld
und brachte sie Lea seiner Mutter.
Rahel sprach zu Lea:
Gib mir doch von den Minneäpfeln deines Sohnes!
15 Die sprach zu ihr:
Ists noch zuwenig, daß du meinen Mann genommen hast,
mußt du auch die Minneäpfel meines Sohnes nehmen?
Rahel sprach:
Mag er drum die Nacht bei dir liegen für die Minneäpfel
deines Sohnes.

Zwei betrogene Schwestern stoßen aufeinander und handeln. Sie "geben" einander, jede von ihrem Vorteil. Lea gibt Rahel mit den Minneäpfeln, denen Fortpflanzungskraft nachgesagt wird, zeichenhaft von der Fruchtbarkeit, Rahel gibt Lea Jakob. Das ist vielleicht nicht schön und erhaben. Aber es ist realistisch und effektiv. Die hebräische Bibel ist oft sehr nüchtern, und das ist hilfreich. Denn Befreiung und Versöhnung mögen als Ziel des Zusammenlebens einfach vorstellbar sein, der Weg dahin ist schwierig und undurchsichtig und fast immer von unglaublich viel mühseliger Kleinarbeit geprägt.

In unseren Tagen hat der jüdische Schriftsteller Amos Oz immer wieder auf die Notwendigkeit einer solchen Nüchternheit bei der Friedensarbeit hingewiesen. "Ich erwarte nicht", schreibt Oz über die Israelis und Araber, "daß beide Seiten Liebe zueinander entwickeln werden. Wir sollten nicht sentimental werden. Selbst nach einem Friedensschluß werden beide Seiten uneins darüber bleiben, wem die Schuld für die gesamte Auseinandersetzung zuzuschreiben sei."[35] Die israelitische Friedensbewegung ist dann auch keine "'make-love-not-war' Bewegung und keine pazifistische Bewegung. Sie ist ein Zusammenschluß von Leuten, die glauben, daß die Lösung unseres Konflikts mit den Palästinensern eine faire und nüchterne Scheidung sein muß, eine Scheidung wie nach einer gescheiterten Ehe. Scheidung bedeutet, daß wir die Wohnung teilen müssen. Und da dies ein kleines Land ist, müssen wir entscheiden, wer das eine und wer das andere Schlafzimmer bekommt und wie die Benutzungsordnung für die Toilette sein wird. Nach dieser Scheidung - und unter Scheidung verstehe ich die Gründung von zwei unabhängigen Staaten - wird es vielleicht möglich sein, miteinander eine Tasse Kaffee zu trinken. Vielleicht werden wir - nach geraumer Zeit - zusammen über die Vergangenheit lachen können. Vielleicht werden wir eines Tages sogar einen nahöstlichen gemeinsamen Markt, eine Art Konföderation gründen können. Aber es wird nicht möglich sein, gleich damit anzufangen."[36]

Lesen wir weiter, müssen wir feststellen, daß Lea sich aus ihrer Verstrickung nicht löst. Sie bekommt wieder einen Sohn, doch sie gibt ihm einen Namen, der nichts mit der Begegnung mit Rahel zu tun hat, sondern auf die Initiative zurückgreift, die Magd in dem Kampf um Jakob einzusetzen.

30,17 Gott erhörte Lea,
    sie wurde schwanger und gebar dem Jakob einen fünften Sohn.
  18 Lea sprach:
    Gott gab mir einen Gedinglohn,
    weil ich meine Magd meinem Mann gegeben habe.
    Sie rief seinen Namen: Issaschar, es gibt Lohn.

Dieser auffällige Rückgriff auf die Erzählung vor dem Tauschgeschäft der Schwestern macht deutlich, daß die Begegnung von Rahel und Lea bewußt als Unterbrechung in die Geburtsgeschichte hineingesprengt ist. Sie paßt nicht so richtig und scheint kein fester Bestandteil der Erzählung zu sein. Als Stolperstein in dem Fortgang der Geburten wirkt der Moment, in dem die beiden Schwestern aufeinander zugehen, jedoch als Splitter der Hoffnung. Das heißt, wenn wir von dieser kleinen Geschichte lernen, daß eine praktische Nüchternheit, die die gegenseitigen Interessen ernst nimmt, ein entscheidender erster Schritt im Prozeß der Versöhnung sein kann.

Lea hat diesen Weg zu ihrer Schwester nicht gefunden. Zuletzt bekommt sie aber eine Tochter und nennt sie: Dina, Gericht. Und wiederum stehen wir vor der Frage, was mit Gericht gemeint ist. Ist die Tochter selber das Gericht? Weil Lea eigentlich einen Sohn - den siebten! - haben wollte? Oder dürfen wir dieses Gericht dahin verstehen, daß auch Lea erkennt, daß der Weg zu Jakob über die Söhne keine Zukunft hat, und also auch eine Neuorienterung Leas denkbar wird?

30,22 Gott aber gedachte Rahels,
　　　 Gott erhörte sie und öffnete ihren Schoß,
　 23 sie wurde schwanger und gebar einen Sohn.
　　　 Sie sprach:
　　　 asaf - hinwegschaffte
　　　 Gott meine Schmach.
　 24 Und sie rief seinen Namen: Josef,
　　　 sprechend:
　　　 Josef - hinzufüge
　　　 mir der Heilige Israels noch einen Sohn.
　　　 ...

35,16 Sie brachen auf von Bet-El.
　　　 Als es nur noch eine Strecke Lands war, nach Efrat zu kommen,
　　　 gebar Rahel,
　　　 und es fiel sie hart an über ihrem Gebären.
　 17 Es geschah, wie es ihr so hart wurde zu gebären,
　　　 die Geburtshelferin sprach zu ihr:
　　　 Fürchte dich nimmer,
　　　 gewiß, auch dieser wird dir ein Sohn!
　 18 Es geschah, wie ihr Odem ausfuhr,
　　　 denn sie war im Sterben:
　　　 rief sie seinen Namen: Benoni, Sohn meiner Lebenskraft.[37]
　 19 Rahel starb.

Sie wurde begraben auf dem Weg nach Efrat, das ist Betlehem.
Jakob stellte ein Standmal auf ihr Grab,
das ist Rahels Grabmal bis heute.

Rahels Geschichte bricht ab. Benoni, Sohn meiner Lebenskraft,
ruft sie den Namen ihres Sohnes, denn all ihre Lebenskraft ist
in dieses Kind geflossen. Sie tröstend, ruft Jakob das Kind:
"Benjamin, Sohn der rechten [d.h. der Segens-] Hand". Endlich
läßt Jakob etwas von sich hören. Ein Versprechen, das Rahel
mitnimmt in ihr Grab.

Rahel ist unterwegs gestorben und begraben worden. Nur
wenige Zeilen im Text weiter liegt Mamre, die Grabstätte im
Lande der Verheißung, in der die Väter und Mütter Israels begraben liegen. Abraham und Sarah, Rebekka und Isaak liegen
hier, und auch Lea wird hier ruhen (1.Mose 49,31). Eine end-
gültige Bestätigung, daß sie offiziell die erste Frau Jakobs ist.
Auch Jakob selber wird hier begraben werden (1.Mose 47,29-31
und 49,28-50,14). Nur nicht Rahel, sie ist auf dem Weg des
Werdens Israels auf der Strecke geblieben. Als diese Gestalt hat
Rahel in Israel Geschichte gemacht. Sie steht für die Menschen,
die unterwegs auf der Strecke bleiben, und ihr Grab ist das
Symbol für alle, die im Exil auf ihre Rückkehr warten. Rahels
Stimme wird klagen, bis alle zu Hause angekommen sind. Je-
remia 31,15-17:

So hat der Heilige Israels gesprochen:
Eine Stimme ist in Rama zu hören
ein Wehgesang, ein Weinen der Bitternis.
Rahel verweint sich um ihre Söhne,
weigert, sich trösten zu lassen um ihre Söhne,
ach, keiner ist da!

So hat der Heilige Israels gesprochen:
Wehre deiner Stimme das Weinen, deinen Augen die Tränen,
denn es west ein Lohn deinem Werk,
Erlauten des Heiligen Israels,
aus dem Feindesland kehren sie heim,
eine Hoffnung west deiner Zukunft,
Erlauten des Heiligen Israels,
Söhne kehren in ihre Gemarkung.

Die Stimme Rahels erklingt aber nicht nur für die, die im geographischen Sinne außerhalb des verheißenen Landes sterben. Das Land, in dem Israel wohnt, und das verheißene Land sind nicht einfach identisch. Man kann sich auch mitten im eigenen Land fremd und unheimisch fühlen. Das Finden und Verlieren von einem Zuhause ist nicht geographisch gebunden, und Heimat hat in der Bibel dann auch mehr mit Geschwisterlichkeit als mit Geographie zu tun. So hören wir Rahels Stimme, wenn in den messianischen Schriften König Herodes alle Kinder in Betlehem umbringen läßt (Matthäus 2,18):

Eine Stimme ist in Rama zu hören,
großes Weinen und Wehklagen:
Rahel weint um ihre Kinder,
sie will sich nicht trösten lassen -
weil sie dahin sind.

Die Geschichte von Rahel und Lea erzählt von den Verhältnissen im Inneren Israels als der zentralen Frage für das Werden Israels inmitten der Völker; von dem Experiment der Geschwisterlichkeit, das nur dann tragfähig ist, wenn es - auch unter äußerem Druck - in den eigenen Reihen gelebt wird. Es sind Frauen, die diesen Druck in seiner alltäglichen Gewalt erfahren und Schritte der Versöhnung aufstrahlen lassen. Hier, vor Ort, unter den Frauen, fängt die Vision des Völkerfriedens an.[38]

Die Geschichte von Rahel und Lea lehrt uns auch, daß die Hoffnung auf gelebte Geschwisterlichkeit nicht sosehr aus der Zukunft als vielmehr aus der Vergangenheit genährt wird. Aus einem Grab. Für uns, die wir unsere Hoffnung oft am zukünftigen Glück der Kinder und Enkelkinder festmachen, hat dieser Blick zurück etwas Überraschendes. Für die biblischen Erzähler und Erzählerinnen ist dies jedoch sehr wichtig. Alle Tränen müssen abgewischt werden. Das betrifft die Zukunft, aber viel stärker noch betrifft es die Vergangenheit. Deshalb wird der Messias aus Betlehem-Efrata kommen (Micha 5,2), von dort, wo Rahel begraben liegt.

Rahels Grab

6 Eine israelitische Gewaltenteilung
Josef und seine Brüder

Kurz bevor Jakob stirbt und seine Söhne zu sich ruft, um sie zu segnen, besucht Josef ihn am Krankenbett mit seinen beiden Söhnen Efraim und Manasse - wiederum zwei Brüder! Darauf segnet Jakob Josef mit einem Segen, der, am Ende des 1.Buches Mose, noch einmal den Inhalt des israelitischen Segens sichtbar werden läßt.

48,5 Nun,
> deine beiden Söhne, die dir im Land Ägypten geboren wurden,
> bevor ich zu dir nach Ägypten kam,
> mein seien sie,
> Efraim und Manasse,
> wie Ruben und Simeon seien sie mein.
6 Aber deine Erzeugten, die du nach ihnen erzeugt haben wirst,
> dein seien sie,
> auf den Namen ihrer Brüder seien sie in deren Erbeigen gerufen.

7 *Und ich -*
> *wie ich aus der Flur kam,*
> *starb Rahel mir,*
> *im Lande Kanaan,*
> *auf dem Weg, nur noch eine Strecke Lands nach Efrat zu kommen,*
> *dort habe ich sie begraben,*
> *auf dem Weg nach Efrat - das ist Betlehem.*

8 Israel sah die Söhne Josefs an und sprach:
> Wer sind diese?
> Josef sprach zu seinem Vater:
> Meine Söhne sinds, die Gott mir hier gab.
> Er aber sprach:
> Nimm sie doch her zu mir, daß ich sie segne.

Mit Josef vor Augen schweift der Blick Jakobs ab zu dessen Mutter, seiner geliebten Frau Rahel, und er erinnert sich, wie sie auf dem Weg ins verheißene Land umgekommen ist. Sie war die Geringere der beiden Schwestern und wurde zur Repräsentantin aller Heimatlosen und all derjenigen, die unterwegs auf der

Strecke bleiben. Rahel steht für die Abellinie *innerhalb* Israel. Mit ihr vor Augen segnet Jakob Josef in seinen beiden Söhnen:

48,13 Josef nahm die beiden,
    Efraim an seine Rechte zur Linken Israels,
    und Manasse an seine Linke zur Rechten Israels,
    und ließ sie zu ihm herantreten.
14 Aber Israel schickte seine Rechte aus und tat sie
    auf den Kopf Efraims, der doch der Geringere war,
    und seine Linke auf den Kopf Manasses,
    seine Hände querte er, obschon der Erstling Manasse war.
15 Dann segnete er Josef und sprach:
    Der Gott, vor dem einhergingen meine Väter,
    Abraham und Isaak,
    der Gott,
    der mich weidet,
    seit ich wese, bis auf diesen Tag, -
16 der Bote,
    der mich aus allem Übel erlöste,
    segne die Knaben!
    gerufen werde in ihnen mein Name
    und der Name meiner Väter, Abraham und Isaak!
    fischgleich mögen sie wachsen zur Menge im Innern des Landes!

17 Als aber Josef sah, daß sein Vater
    seine rechte Hand auf den Kopf Efraims getan hatte,
    wars übel in seinen Augen,
    und er stützte die Hand seines Vaters,
    sie von Efraims Kopf aus Manasses Kopf zu wenden.
18 Josef sprach zu seinem Vater:
    Nicht so, Vater, der Erstling ist dieser,
    lege auf seinen Kopf deine Rechte.
19 Aber sein Vater weigerte sich und sprach:
    Ich weiß, mein Sohn, ich weiß ...

Auf anschauliche Weise wird noch einmal vorgeführt, wie der Segen der Gottheit Israels den Geringeren ins Zentrum rückt. Doch warum muß dies ausgerechnet Josef eingeschärft werden? Er ist doch der Sohn Rahels und das nicht nur im biologischen Sinne, denn er ist der ins Ausland vertriebene Bruder.

Jakob segnet Efraim und Manasse

Haben die biblischen Erzähler und Erzählerinnen vielleicht Angst, daß Josef sich in Ägypten zu stark angepaßt hat? Hat Josef nicht eine Grenze überschritten, als er die Ägypter in ihrer Not versklavte? Als er eine ägyptische Frau nahm und von ihr zwei Söhne bekam? Ist das wirklich noch Josef, der Israelit? Oder überwiegt in ihm der fremde Herrscher, der nach den Gesetzen Ägyptens Macht ausübt? Auf jeden Fall wird der Segen, den Jakob ihm zuspricht, mit der Orientierung an den Geringeren verbunden.

Die Segnung der beiden Söhne Josefs ist ein Vorgriff auf die Segnungen, die Jakob seinen Söhnen zusprechen wird. Alle müssen in der Reihenfolge ihrer Geburt vor ihn treten und werden persönlich angesprochen. Als elfter kommt auch Josef an die Reihe und wird, anders als seine Brüder, explizit gesegnet. Nur bei ihm nimmt Jakob das Wort Segen in den Mund, um deutlich zu machen, daß er der Gesegnete unter den Brüdern ist:

49,22 Sprossender Fruchtstock
　　　 Josef ...
　 25 Vom Gott deines Vaters -
　　　 er helfe dir,
　　　 von dem Gewaltigen -
　　　 er *segne* dich:
　　　 Segnungen des Himmels von droben,
　　　 Segnungen des Wirbels, der drunten lagert,
　　　 Segnungen von Brüsten und Schoß!
　 26 Die *Segnungen* deines Vaters wuchsen
　　　 an die *Segnungen* der ewigen Berge,
　　　 an die Lust der Weltzeit-Höhn -
　　　 sie mögen sich senken auf Josefs Haupt,
　　　 auf den Scheitel des Geweihten unter seinen Brüdern!

Die Worte erinnern an den ersten Teil des Segens, den Isaak damals dem Jakob zusprach: "So gebe dir Gott vom Tau des Himmels und von den Fetten der Erde, Korns und Mostes die Fülle!" (1.Mose 27,28) Es fehlt aber der zweite, der herrschaftliche Teil des damaligen Segens: "Völker sollen dir dienen, Nationen sich dir *neigen* ..." (27,29). Genau das hat Josef früher als junger Mann doch geträumt, daß die anderen sich vor ihm *neigen* werden (37,7.9 und 10).

Oft wird der Anfang der Geschichte (37,1) so verstanden, daß Josef ein verwöhntes Kind und ein Petzer sei. Kein Wunder, daß seine Brüder sauer auf ihn sind und ihn nicht ausstehen können. Schuld wäre allerdings vor allem Jakob, weil er Josef verwöhnt und nicht, sieht was er damit anrichtet. Der Text weist uns jedoch in eine andere Richtung:

37,2 Josef, siebzehnjährig, war mit seinen Brüdern beim Weiden der
 Schafe,
 als Jungknecht mit den Söhnen Bilhas und den Söhnen Silpas,
 der Frauen seines Vaters,
 Josef brachte ihren Ruf, einen bösen, vor ihren Vater.
 4 Es liebte aber Israel den Josef über alle Söhne,
 denn ein Sohn des Alters war er ihm,
 und er machte ihm einen knöchellangen Leibrock.
 Als seine Brüder sahn,
 daß ihn ihr Vater über all seine Brüder liebte,
 haßten sie ihn,
 und sie vermochten nicht, ihn zum Frieden anzureden.

Nicht zufällig fängt die Geschichte damit an, daß Josefs Platz unter den Söhnen der Mägde ist. Gleichzeitig scheint es ein Bündnis der Brüder zu geben, das im Text mit dem schwerwiegenden Wort "böse" qualifiziert wird. Warum sollte man diese Charakterisierung der Brüder verharmlosen und sich über Josef aufregen, der als Schwächerer den Vater als übergeordnete Instanz einschaltet? Muß das Böse dann nicht aufhören? Es ist wahr, daß Jakob Josef besonders mag, aber muß das ein Problem sein? Erinnern wir uns an die Geschichte von Kain und Abel. Sind die Träume Josefs, in denen die anderen sich vor ihm neigen, nicht genauso zu verstehen? Als Träume eines Geringeren, der davon träumt, ins Zentrum gestellt zu werden - wie es mit Abel geschah. Vielsagend ist, wie die Brüder Josefs Träume deuten. Sie, die ihre Macht zum Bösen einsetzen, können sich nicht vorstellen, daß das bei ihrem Opfer anders sein könnte. Logischerweise haben sie Angst, daß der Kleine über sie herrschen will. Die Geschichte wird aber deutlich machen,

daß sie unrecht haben. Zwar werden die Brüder sich wiederholt vor Josef neigen (42,6, 43,26 und 28), aber die Macht Josefs
wird sie aufrichten und nicht unterdrücken. So gesehen, könnte man die Träume Josefs als Überschrift und die ganze Geschichte als ihre Deutung betrachten.

Die Herrschaft unter den Brüdern wird schließlich nicht Josef,
sondern Juda zugesprochen. Nicht vor Josef, vor Juda sollen sie
sich neigen:

49,8 Juda, du,
   dir danken deine Brüder.
   Deine Hand deinen Feinden im Nacken!
   Deines Vaters Söhne *neigen* sich dir.
 9 Ein Löwenjunges Juda ...
 10 Nicht weicht von Juda das Szepter,
   nicht zwischen seinen Füßen der Richtstab ...

Juda ist der vierte Sohn nach der Reihe der Geburten. Der erste
ist Ruben, der auch als erster ans Krankenbett Jakobs tritt und
als solcher angesprochen wird: "Ruben, mein Erstling bist du,
meine Kraft, meiner Mächtigkeit Anfang!" (49,3) Der natürliche
Erstling wird aber nicht der wahre Erstling sein, denn er hat
mit der Frau seines Vaters geschlafen und ist damit auf uner-
hörte Weise in den Machtbereich seines Vaters eingedrungen.
Doch auch Juda ist die Verantwortung, die zur Erstlingschaft
gehört, nicht angeboren. Die Josefsgeschichte erzählt über viele
Kapitel, daß Ruben die Verantwortung des Erstlings nicht
wahrnimmt, während Juda sie schließlich erfüllt.

Als die Brüder Josef ergreifen und töten wollen, versucht Ruben den kleinen Bruder zu schützen und ein direktes Blutver-
gießen zu vermeiden. Doch Rubens Plan scheitert, und er ruft
aus: "Das Kind ist nicht da! Und ich, ach, wo komme ich hin!"
((37,30) Später, wenn die Brüder in einer schwierigen Lage
Schuldgefühle bekommen wegen ihres Verbrechens an Josef ,
zieht Ruben sich aus der Affäre: "Sprach ich [damals] nicht zu
euch, sprach: 'Versündigt euch nimmer an dem Kind!' Ihr aber
habt nicht gehört - Sein Blut, da, nun wirds heimgefordert." (42,
22) Es stimmt, Ruben wollte Josef retten. Er hat es aber nicht

getan, denn er hat sich nicht getraut, offen mit dem Bruder-
bündnis zu brechen. Er hat einen Kompromiß erdacht, der ihm
insgeheim Handlungsspielraum geben sollte. Es war alles gut
gemeint, aber vor allem so geplant, daß er selber auf jeden Fall
nicht in Schwierigkeiten geraten würde. Deswegen hat Ruben
sehr wohl schuld. Er hat nicht getan, was er hätte tun können
und auch hätte tun müssen. Eigentlich zeigt schon seine Reaktion auf die leere Grube am Anfang der Geschichte, in welche
Richtung er das Geschehene verarbeiten wird. "Und ich, ach
wo komme ich hin!" Ich und nochmals ich. Als ob er das Opfer
ist!

Wenn die Brüder aus Ägypten zurückgekommen sind mit
der Forderung des fremden Herrschers, beim nächsten Besuch
ihren jüngsten Bruder Benjamin mitzubringen, ergreift Ruben
wieder das Wort. Er sagt zu Jakob: "Meine beiden Söhne töte,
lasse ich dir ihn [Benjamin] nicht wiederkommen ..." (42,37).
Vergleicht man diese Worte mit den Worten, die Juda anschlie-
ßend sprechen wird: "Ich selber will bürgen für ihn" (43,9),
dann merkt man die Kluft, die zwischen beiden liegt. Kein Kinderopfer, sondern freiwillige Selbsthingabe! Sehr eindrücklich
wird Juda beim zweiten Besuch in Ägypten diese Bereitschaft,
mit dem eigenen Leben für den jüngeren Bruder einzutreten,
bestätigen.

Dabei machen die Autoren und Autorinnen sehr deutlich,
daß Judas Haltung nicht angeboren, sondern Ergebnis einer
Umkehr ist. Von sich aus ist Juda nicht anders als seine Brüder
und nicht besser als Ruben. In einem Kapitel am Anfang der
Geschichte (Kapitel 38, das den Verlauf der Erzählung merkbar
unterbricht) wird Judas Geschichte eingeblendet und seine Be-
kehrungsgeschichte erzählt. Eine Frau, Tamar, konfrontiert Juda mit sich selbst als Gesetzesbrecher und gewalttätigen Moral-
apostel. Und das Wunder passiert, Juda hört auf diese Frau
und kehrt um. So lernt Juda, zu seiner Schuld zu stehen und
anders zu werden.

Dieser Juda bekommt nun die Herrschaft zugesprochen. Des
Vaters Söhne werden sich ihm neigen; er trägt das Szepter und
den Richtstab. Aus Juda wird David, der König Israels, gebo-

ren werden. Die Herrschaft Judas wird aber in Grenzen gestellt. "Nicht weicht von Juda das Szepter, nicht zwischen seinen Füßen der Richtstab, *bis daß kommt Dems-zusteht, - ...*" Auch die gute Herrschaft wird einmal aufhören zu herrschen, weil das Problem der Feindschaft ("Deine Hand deinen Feinden im Nacken!") zur Vergangenheit gehören wird. Die Herrschaft Judas ist von vorübergehender Art. Sie ist die Vorbereitung auf eine andere Zeit, und sie ist gut, insofern sie das Kommen dieser anderen Zeit auch wirklich vorbereiten hilft.

Die Herrschaft Judas wird aber noch von einer anderen Seite begrenzt. Juda ist nicht der Gesegnete! Mit anderen Worten, *es gibt in Israel keine an und für sich gesegnete Herrschaft*. Segen (Josef) und Herrschaft (Juda) fallen auseinander. Erinnern wir uns an Benno Jakob, der bei der Auslegung von Jakobs Segen den ersten Teil positiv hervorgehoben, den zweiten Teil aber als etwas Herrschaftliches und damit Unwürdiges abgelehnt hat. Er hatte mit seiner Interpretation, Segen und Herrschaft voneinander zu lösen, also nicht unrecht. Geht man von der Josefsgeschichte aus, konzentriert sich der Segen tatsächlich in dem ersten Teil, d.h. darin, daß Gott sich den Geringeren zuwendet und sie ins Zentrum rückt. Letztendlich kommt es in Israel auf dieses Mit-Wissen um die Blickrichtung Gottes in Richtung Abel an.

Der Mächtige ist nicht der Gesegnete. Sein Segen ist es, daß es andere gibt, die ihm helfen, seinen Blick auf die Geringeren zu richten. Judas Segen ist es, daß es Tamar, daß es Josef gibt. Aber auch das Umgekehrte gilt: Der Gesegnete ist nicht der Mächtige und soll das auch nicht sein wollen. Wie z.B. auch die Kirche nie nach eigener Macht streben sollte. Sie hat in der Gemeinschaft eine andere Aufgabe. Sie muß die Macht der anderen auf die Ränder der Gesellschaft richten. Dazu braucht sie selber keine Macht. Ihre Aufgabe ist auch nur eine vorübergehende Aufgabe, bis die Herrschaft zu herrschen aufgehört hat. Ähnlich ist es Josefs Funktion, "lediglich" die Blickrichtung der Herrschaft auf die Geringeren der Gesellschaft zu lenken.

Die Segnung Josefs, der ja nicht wirklich der Geringste ist - denn das ist Benjamin -, heißt, daß die Geringeren - wenn es nach Gott geht - nicht ausschließlich auf sich selbst angewiesen sind, um ihr Recht einzuklagen. Das ist wichtig, denn wenn Menschen unter die Räder kommen, sind sie oft gar nicht imstande, ihre Not zu artikulieren. In dem Gesegneten haben sie einen Fürsprecher. Doch nicht nur das. Es ist auch gut, daß der Segen nicht an den Geringeren an sich festgemacht wird, sondern an einem, der nicht nur erfahren hat, was es bedeutet, gering zu sein, sondern diese Erfahrung auch im israelitischen Sinne *verarbeitet* hat. Die an den Rand Gedrängten sind von sich aus selten bessere Menschen als diejenigen, die sie an den Rand drängen. Benjamin selber ist dafür ein gutes Beispiel:

49,27 Benjamin,
ein Wolf, der zerfleischt,
am Morgen noch frißt er den Raub,
am Abend verteilt er schon Beute.

Darum ist es sehr sinnvoll, daß es in einer Gesellschaft Menschen gibt mit der Funktion, die Regierung immer wieder daran zu erinnern, daß nicht im Zentrum der Gesellschaft, sondern an ihren Rändern darüber entschieden wird, ob sie gesegnet ist oder nicht.

Man mag sich indessen wundern, was das für Segenssprüche sind, mit denen Jakob seine Söhne anspricht. Benjamin - ein Wolf; Issaschar - ein knochiger Esel; Dan - eine Schlange; Naftali - eine losgelassene Hündin. Stellen wir uns so Segenssprüche vor? Aber wurde nicht auch Jakob damals am Jabbok gerade in dem Moment gesegnet, als er sich zu seiner Geschichte bekannte; als er laut und deutlich sagte, was ist! Also kann es gerade ein Segen sein, kritisiert zu werden, weil es den Menschen in seinen Verstrickungen ernst nimmt und ihm damit eine Chance bietet, neu zu werden. So sind die Segenssprüche zum größten Teil ein Spiegel, in dem die Angesprochenen blicken sollen, um sich mit den schwierigen Zügen der eigenen Geschichte konfrontieren zu lassen. Damit sie umkehren und zu einer neuen Menschheit werden!

Wenn alle Söhne Jakobs am Sterbebett ihres Vaters vorbeigegangen sind, heißt es zusammenfassend:

49,28 All diese sind Israels Zweige, zwölf,
    und das ist, was ihr Vater redete zu ihnen;
    er segnete sie,
    jeden mit dem, was ihm als Segen gehörte, segnete er sie.

Josef ist der Gesegnete und alle werden gesegnet. Das ist kein Widerspruch, es ist der innere Zusammenhang des einen Segens, der sich von den Rändern her über die ganze Gemeinschaft ausbreiten will. Denn fällt der Segen für das Ganze weg, dann fällt der ganze Segen weg.

Ist Josef als der Gesegnete nun auch der Erstling? Das Buch 1.Chronik (5,1) sagt es so:

Und die Söhne Rubens, des Erstlings Israels
    - denn er war der Erstling, als er aber das Lager seines Vaters
    preisgab, wurde sein Erstlingtum den Söhnen Josefs Sohns Israels
    gegeben, doch nicht nach der Erstlingschaft zugehörig zu sein,
    denn Juda wuchs über seine Brüder hinaus und zum Herzog
    ward einer aus ihm, das Erstlingtum aber war Josefs -,
die Söhne Rubens, des Erstlings Israels ...

"Das Erstlingtum aber war Josefs", denn die Tradierung der Stimme Abels ist in und für Israel entscheidend. Doch fällt auf, daß Josef in der Josefsgeschichte nie Erstling genannt wird. Vielleicht wollen die Erzähler und Erzählerinnen uns damit sagen, daß wir die Erstlingschaft weniger an einer Person als vielmehr an dem Zusammenspiel mehrerer Personen in der Gemeinschaft festmachen sollen.

7   Zur Übersetzung der Bibel

"Die Aufgabe des Übersetzens ist eben ganz mißverstanden,
wenn sie in der Eindeutschung des Fremden gesehen wird."
(Franz Rosenzweig)[39]

Eine Übersetzung ist eine Begegnung mit einer anderen, einer uns fremden Welt. Eine gute Übersetzung leistet darum zweierlei: Sie ermöglicht erstens die Aufnahme des Fremden in die eigene Welt, ohne zweitens das Fremde völlig anzupassen und ins allgemein Bekannte aufzulösen. Geschieht das Letzte und wird das Unbekannte mit mehr oder weniger Gewalt in die Welt, wie wir sie kennen, eingeebnet, wird beim Lesen wenig Überraschendes geschehen. Wir werden nur uns selbst begegnen. Eine gute Übersetzung kommt uns darum nicht nur entgegen. Sie fordert uns auch heraus, uns auf den Weg zu machen, um dem Fremden entgegenzugehen. Nur mit dieser Bereitschaft, aus uns selbst hinauszugehen, kann echte Begegnung stattfinden, in der nicht von vornherein ausgeschlossen ist, daß das Fremde uns etwas wirklich Neues zu sagen hat.

In diesem Geist haben die beiden deutschen Juden Martin Buber (1878-1965) und Franz Rosenzweig (1886-1929) lange an einer neuen deutschen Übersetzung der hebräischen Bibel gearbeitet, die nicht darauf aus ist "das Fremde einzudeutschen, sondern das Deutsche umzufremden"[40]. Kennzeichnend für diese Übersetzung ist der große Respekt vor der Gestalt und der Form der hebräischen Sprache, denn es gibt ihrer Meinung nach keinen Inhalt, den man ohne weiteres von seiner Form trennen kann. Genauso wenig wie man eine Person von ihrer Gestalt, ihren Gesichtszügen und Körperbewegungen loslösen kann. "Auch die bedeutendsten Übersetzungen der Schrift, die uns erhalten sind, die griechische der Siebzig, die lateinische des Hieronymus, die deutsche Martin Luthers, gehen [aber, schreibt Buber] nicht wesenhaft darauf aus, den ursprünglichen Charakter des Buches in Wortwahl, Satzbau und rhythmischer Gliederung zu erhalten. (...) Als ob eine auf Kosten der ursprünglichen Leiblichkeit gewonnene Gemeinverständlichkeit nicht notwendigerweise eine Mißverständlichkeit wäre oder doch werden müßte."[41] Aus diesem Grund haben Buber und Rosenzweig alles getan, um in ihrer Übersetzung die geistige Welt der Schrift, wie sie in dem buchstäblichen Geflecht der Sprache zum Ausdruck kommt, festzuhalten, und haben die Worte, die in der hebräischen Sprache zusammenklingen, auch in der deutschen Sprache zusammenklingen lassen. Auch haben sie das Konkrete und Sinnliche der hebräischen Wortwelt soviel wie möglich festzuhalten versucht. Allzu schnell verschwindet dies nämlich in einer abstrakten, von der alltäglichen Welt abgehobenen religiösen Sprache, die es so damals nicht gab. Sie ist uns vielleicht vertrauter und weniger anstrengend, sie hat aber noch kaum etwas mit der fremden Welt zu tun, auf die es in der Begegnung ankommt.

Ein Beispiel möge verdeutlichen, wie wichtig eine getreue Übersetzung ist.

Im Buch Ruth heißt es bei Buber-Rosenzweig von Boas, daß er ein *tüchtiger* Mann ist (2,1). Etwas später wird von Ruth gesagt, sie sei "ein Weib von *Tucht*" (3,11) und dann noch einmal in Verbindung mit Boas: "*Tucht* übe!" (4,11). Dreimal geben Buber-Rosenzweig das gleichlautende hebräische Wort mit dem ebenfalls gleichlautenden deutschen Wort Tucht wieder. Schlagen wir nun bei Luther die drei Stellen nach, dann finden wir bei Boas, er sei "ein *angesehener* Mann" (2,1) und: "Sei *stark*!" (4, 11), während von Ruth gesagt wird, sie sei "ein *tugendsames* Weib" (3,11). So liest die Übersetzung die uns bekannten Bilder von Männlichkeit und Weiblichkeit in den Text hinein.

Die Fremdheit der Welt der Bibel liegt vor allem darin begründet, daß sie von der Fremdheit des Gottes Israels geprägt ist. Ihm, dem lebendigen Gott selbst, wollen wir begegnen, wenn wir uns vorsichtig an die Texte als Zeugnisse solcher Begegnungen herantasten. Das Geheimnis dieser Begegnung findet seinen besonderen Ausdruck in dem Namen Gottes. Dieser Name besteht aus vier Konsonanten *JHWH*, die ein Wort bilden, das in der jüdischen Tradition bewußt nicht ausgesprochen wird. Überall wo dieser Eigenname Gottes im Text steht, wird *Adonai* gelesen, was übersetzt *mein Herr* heißt. Deswegen haben viele Übersetzer, wie auch Luther, *HERR* an diesen Stellen.

Nun kennt die Bibel eine Geschichte, in der der Name Gottes in einem Wortspiel mit dem Verb "(für jemanden da) sein" - das aus ähnlichen Konsonanten wie der Gottesname besteht - erzählerisch ausgelegt wird. Es ist die Geschichte von der Begegnung zwischen Mose und Gott im brennenden Dornbusch (2. Mose 3):

3,9 Nun, da ist der Schrei der Söhne Israels zu mir [Gott] gekommen,
und gesehn auch habe ich die Pein, mit der die Ägypter
sie peinigen:

10 nun geh [Mose],
ich schicke dich zu Pharao,
führe mein Volk, die Söhne Israels, aus Ägypten!

11 Mose sprach zu Gott:
Wer bin ich, daß ich zu Pharao gehe,
daß ich die Söhne Israels aus Ägypten führe!

12 Er aber sprach:
Wohl *ich werde dasein* bei dir,
und dies hier ist dir das Zeichen, daß ich selber dir schicke:
hast du das Volk aus Ägypten geführt,
an diesem Berg [Sinai] werdet ihr Gott dienstbar.

13 Mose sprach zu Gott: Da komme ich denn zu den Söhnen Israels,
ich spreche zu ihnen: Der Gott eurer Väter schickt mich zu euch,
sie werden zu mir sprechen: *Was ists um seinen Namen?* -
was spreche ich dann zu ihnen?

14 Gott sprach zu Mose:
Ich werde dasein, als der ich dasein werde.
Und er sprach:
So sollst du zu den Söhnen Israels sprechen:
Ich werde dasein schickt mich zu euch.

15 So sollst du zu den Söhnen Israels sprechen:
<u>*JHWH,*</u>
der Gott eurer Väter,
der Gott Abrahams, der Gott Isaaks, der Gott Jakobs,
<u>schickt mich zu euch.</u>
Das ist mein Name in Weltzeit,
das mein Gedenken, Geschlecht für Geschlecht.

16 Geh ...

Der Name Gottes verheißt Zuwendung (*ich werde dasein*) ohne Preisgabe (*als der ich dasein werde*). Ich werde dasein, ihr könnt auf mich vertrauen, aber ihr könnt mich nicht in eure Tasche stecken. Ich bin und bleibe eigenständig, eine Gestalt euch gegenüber, und ich werde nie die Verlängerung eurer Worte und Taten werden. *Ich* bin euer Gott, ich bin bei euch auf dem Weg aus der Bedrängnis, aber ich bin nicht *euer* Gott, denn wenn ihr diesen Weg verlaßt, stelle ich mich euch entgegen. So ist der Name eine Geschichte, die zwischen Mose und Gott, zwischen Gott und Israel geschieht.

Wir können nicht anders als uns Gott in Bildern vorstellen. Die Unaussprechlichkeit des Namens Gottes erinnert aber daran, daß von Gott ein Bildersturm ausgeht, der die Bilder immer wieder aufbricht und das Erstarrte und Festgefahrene umstürzt. So legt der Name Gottes bleibend Zeugnis ab von dem Bilderverbot - als Warnung und als Verheißung. Deswegen sollten wir aus JHWH auch nicht so etwas wie "Jahwe" oder "Jehova" machen, als wäre das nun der Name Gottes. Abgesehen davon, daß dies unnötig viele Juden und Jüdinnen beleidigt, gibt man damit den Inhalt des Namens als Geheimnis gerade preis. Rosenzweig: "Daß die protestantische Wissenschaft vom Alten Testament an dem Gebrauch von 'Jahwe' im Deutschen, wo es doch ohne alle Beziehung als ein nackter, sinnloser Name dasteht, so starr festhält ..., diese Degradierung des Gottesnamens zu einem Götzennamen ist aus rein wissenschaftlichen Gründen nicht zu begreifen; sie ist eine mit modernen Kriegsmitteln unternommene Fortführung des alten theologischen Kampfs gegen das 'Alte Testament' ... Die jüdische Bibel ruft: Eli, Eli! mein Gott, mein Gott! und die Alttestamentler schütteln den Kopf und erklären: Er rufet dem Elias."[42]

Buber und Rosenzweig geben den Gottesnamen in ihrer Übersetzung mit dem betonten Personalpronomen *DU, ER, IHM, IHN* wieder, um damit hervorzuheben, daß der Name uns gegenwärtig wird, indem er in der persönlichen Begegnung angerufen wird. Ich selbst lese "der Heilige Israels", um JHWH als Gott einer Bundesgeschichte mit Israel zu benennen. Die maskuline Wiedergabe des Namens, die damit einhergeht, folgt allen anderen Übersetzungen und in gewissem Sinne auch dem hebräischen Original. Die biblischen Texte fassen Gott überwiegend in männlichen Bildern, wie es auch in der gesprochenen männlichen Umschreibung des Namens mit "mein Herr" geschieht. Es spricht einiges dafür, die patriarchalen Bilder der Bibel nicht zu verheimlichen, sondern sie in der Übersetzung festzuhalten. Trotzdem bietet gerade die Unaussprechlichkeit des Namens die Möglichkeit, diese Bilder zeichenhaft aufzubrechen. Deswegen kann man als Umschreibung des Namens auch hin und wieder eine feminine Form wählen, z.B.:

> Abraham schickte seine Hand aus,
> er nahm das Messer, seinen Sohn hinzumetzen.
> Aber IHR Bote rief ihm vom Himmel her zu
> und sprach:
> Abraham, Abraham!
> Er sprach:
> Hier bin ich.
> Sie sprach ...

Die Form der Anrufung, die Buber und Rosenzweig bei der Wiedergabe des Namens hervorheben, hat für sie eine allgemeine Bedeutung. Die biblischen Texte sind nicht zum Lesen, sondern zum Sprechen da. Sie wollen laut ausgerufen werden und so in der Begegnung Fleisch werden. Nicht zufällig ist das hebräische Wort, das wir mit dem Verb "lesen" wiedergeben, *kara*: rufen! Und eine der jüdischen Bezeichnungen für Bibel ist *Mikra*: das was gerufen wird. Deshalb haben Buber und Rosenzweig die Texte in Atemeinheiten aufgeschrieben, so daß man sofort sehen kann, was in dem hebräischen Text als gesprochene Einheit zusammengehört.

1925 haben Buber und Rosenzweig mit ihrer "Verdeutschung der Schrift" angefangen; 1961 hat Buber, der nach dem frühen Tod Rosenzweigs allein weitergearbeitet hat, das Werk in Jerusalem abgeschlossen. An diesem Tag sprach Gerschom Scholem in Bubers Wohnung in Jerusalem die folgenden Worten: "Als Rosenzweig und Sie sich an dies Unternehmen machten, gab es ein deutsches Judentum, in dem Ihr Werk eine lebendige Wirkung, eine Aufrüttelung und Hinführung zum Original bewirken sollte ... Ob Sie es nun bewußt wollten oder nicht, Ihre Übersetzung ... war etwas wie ein Gastgeschenk, das die deutschen Juden dem deutschen Volk in einem symbolischen Akt der Dankbarkeit noch im Scheiden hinterlassen konnten. Und welches Gastgeschenk der Juden an Deutschland konnte historisch sinnvoller sein als eine Übersetzung der Bibel? Aber es ist alles anders gekommen. (...) Für wen wird diese Übersetzung nun bestimmt sein, in welchem Medium wird sie wirken? Historisch gesehen ist sie nicht mehr ein Gastgeschenk der Juden an die Deutschen, sondern - und es fällt mir nicht leicht, das zu sagen - das Grabmal einer in unsagbarem Grauen erloschenen Beziehung. Die Juden, für die Sie übersetzt haben, gibt es nicht mehr. Die Kinder derer, die diesem Grauen entronnen sind, werden nicht mehr deutsch lesen. Die deutsche Sprache selbst hat sich in dieser Generation verwandelt ... und nicht in der Richtung jener Sprachutopie, von der Ihr Unternehmen so eindrucksvoll Zeugnis ablegt. (...) Was die Deutschen mit Ihrer Übersetzung anfangen werden, wer möchte sich vermessen, es zu sagen?"[43]

Die Übersetzung von Buber und Rosenzweig ist für die Arbeit am Text, wie sie im Lehrhaus geschieht, sehr geeignet. Für den Gebrauch im Gottesdienst ist das anders. Sie klingt fremd und wird von den Menschen, die mit der Lutherbibel groß geworden sind, kaum als ihre Bibel akzeptiert werden. Es ist nicht ratsam, daran vorbeizugehen. In der Bezeichnung der Bibel als *unsere* Bibel liegt nämlich nicht nur die angesprochene Gefahr der Verneinung des Fremden, sondern auch der Reichtum einer intimen Beziehung zu der Gemeinschaft, die auf Grund dieser Texte entstanden ist. Ein Reichtum, der nicht leicht zu ersetzen ist. Auch die Tatsache, daß es immer weniger Menschen gibt, die durch solch eine Beziehung zur Lutherbibel geprägt sind, wird an der Fremdheit der Buber-Rosenzweig-Übersetzung nichts ändern. Wie Scholem zu Recht angedeutet hat, geht die Entwicklung der Sprache in eine völlig andere Richtung, als Buber und Rosenzweig für wünschenswert hielten, und leider scheinen die neueren Bibelübersetzungen dieser Entwicklung nur folgen zu können.[44] Vielleicht ist es das Schicksal der Übersetzung von Martin Buber und Franz Rosenzweig, im Lehrhaus zu bleiben. Das ist auch nicht schlimm, solange der israelitische Geist, der in ihr weht, sich von dort her ausbreitet und eines Tages auch Kanzeln und Kirchenbänke beseelt. Ob das dann in der Form dieser oder einer anderen, neuen Übersetzung sein wird, ist zweitrangig.

8 Das Lehrhaus

Die Bedeutung des Lernens in der jüdischen Tradition

"Der Schloßhügel im Nordosten der polnischen Stadt Lublin war einst von Morästen umgeben. Niemand dachte daran, in dem unwirtlichen Gelände zu siedeln. Da kam es, vor etwa vier Jahrhunderten, den in Lublin Handel treibenden Juden, denen das Wohnen im Stadtbereich verboten war, in den Sinn, hier draußen Boden zu erwerben. Rund um den Hügel wurde Platz um Platz trockengelegt, an Bet- und Lehrhaus reihten sich bald die ersten Wohnhäuser ..." (Martin Buber[45])

Der Aufbau dieser jüdischen Siedlung beginnt mit einem Bet- und Lehrhaus. Hier schlägt das Herz der Gemeinschaft, im Beten und im Lehren und Lernen. Stärker kann man die zentrale Bedeutung des Lehrens bzw. des Lernens in der jüdischen Tradition kaum beschreiben. Auch *das* geistige Zentrum der jüdischen Gemeinschaft: die Thora, heißt übersetzt nichts anderes als Weisung, Lehre. Diese Thora ist keine Theorie und auch nicht so etwas wie eine Meinung. Sie ist praktisch, konkret und umfaßt das ganze Leben. Hier gibt es kein Diplom, und man hat nie ausgelernt. Sogar das Sterben will als letzte Tat des Lebens gelernt werden. Das intim-persönliche Verhältnis zur Thora, das damit gegeben ist, wird sichtbar in der Vorstellung der Lehre als einer Braut. Sie wird umarmt und geküßt. Man tanzt mit ihr, wie es unter manchen Juden und Jüdinnen Brauch ist am Tag, da die Gabe der Thora gefeiert wird. Simchat Thora heißt dieser Tag; Freude an der Lehre. Denn Lernen ist nicht nur eine Pflicht, sondern eine Freude, ja, es ist ein kultisches Erlebnis.

Der große Respekt vor *dem* Buch hat in der jüdischen Tradition eine Ausstrahlung auf Lernen und Bücher überhaupt gehabt, die kaum überschätzt werden kann. So steht im Talmud geschrieben: "Denn die Welt besteht nur durch den Hauch der Schulkinder ..."[46] Darauf aufbauend schreibt der große Lehrer des Mittelalters, Moses Maimonides: "Man setze Kinderlehrer in jede Provinz, in jeden Bezirk, in jede Stadt ein. Die Einwohner einer Stadt, für deren Kinder keine Schule besteht, werden mit Bann belegt, bis sie Kinderlehrer einsetzen; tun sie das nicht, so wird die Stadt selbst mit Bann belegt - denn die Welt besteht nur durch den Hauch der Schulkinder ..."[47]

Ein schönes Beispiel der alltäglichen Auswirkung dieser Richtlinie gibt Shmu'el Hacohen in einer Beschreibung des orthodox-jüdischen Milieus in Amsterdam in den 20er Jahren: "Wir kannten keinen Luxus. Von Kind an lernten wir, zufrieden zu sein mit dem wenigen, das man für das tägliche Leben brauchte. Wir fingen alle in einem sehr jungen Alter an zu lesen. Wahrscheinlich wechselten wir Möbel aus und tauschten Schränke um, um für neue Bücher Platz zu schaffen. Ich kann es jetzt noch nicht ertragen, wenn etwas auf einem Buch liegt, denn als Kind lernte ich, daß ein Buch eine eigene Seele hat, und eine Seele hat Recht auf Respekt, besonders wenn es ein heiliges Buch ist; ein Gebetbuch oder der Tenach [die Thora]. Wenn ein solches Buch fiel oder zufälligerweise angestoßen wurde, dann mußten wir es aufheben und küssen, als ob wir für unser barbarisches Benehmen um Verzeihung baten ...

Wenn meine Mutter nicht im Haushalt beschäftigt war, las sie klassische Literatur in einer niederländischen Übersetzung. Sie war immer mit einem guten Buch im Gange, sprach gerne über das, was sie las, und konnte sich gut ausdrücken. Sie hatte nur Realschule, aber lernte von allem und allen; das Leben selber war ihr Lehrer."[48]

Über das Ziel des Lernens schreibt Ido Abram, der über "Jüdische Tradition als permanentes Lernen" promoviert hat: "Es gibt ein Lernziel, dem alle anderen Ziele untergeordnet sind. Dieses eine Lernziel ist: das Werden eines ganzheitlichen Menschen. Was ist 'ein ganzheitlicher Mensch'? Diese Frage ist nicht eindeutig zu beantworten ...

Jeder Schüler muß seinen eigenen Lernweg gehen und das angestrebte Resultat, die Ganzheitlichkeit, kann ihm in der vollen Bedeutung mit allen persönlichen Folgen erst deutlich werden während des Lernprozesses. Die Thora verwirft Imitation, sowohl des Lernweges als auch des Lernresultates. Imitation leugnet nämlich die Einzigartigkeit der Person des permanenten Schülers. Der chassidische Rabi Sussja sagt deshalb auch, daß er in der 'kommenden Welt' nicht gefragt werden wird, warum er nicht Mose gewesen ist, sondern warum er nicht Sussja gewesen ist."[49]

Die Tradition des Lehrhauses

Das Wort Lehrhaus (hebräisch: Beth ha Midrasch) taucht zum ersten Mal am Ende des 2. Jahrhunderts v. Chr. in dem Buch Jesus Sirach (51,23) auf. Vermutlich ist die Einrichtung des Lehrhauses als ein Ort, an dem die Heilige Schrift gelehrt und diskutiert wird, aber noch einige Jahrhunderte älter und zusammen mit der Synagoge (dem Gebetshaus) in oder kurz nach dem babylonischen Exil im 6. Jahrhundert v. Chr. entstanden. Ein direkter Anlaß für die Entstehung solcher neuen Orte des Glaubens kann gewesen sein, daß der Tempel in Jerusalem zerstört worden war und die weggeführten Juden und Jüdinnen in Babel ohne Tempel auskommen mußten. So wurde während der Zeit des Exils auch die Thora selbst - zumindest ihr Grundstock - schriftlich fixiert und in das Zentrum des Glaubens gerückt, um das herum die Gemeinschaft sich sammelt. Mit der Zusammenstellung der Schrift wurde wahrscheinlich auch ein Ort der Auseinandersetzung mit ihr geschaffen. Ob die Entstehung der Bet- und Lehrhäuser auch tempelkritische Aspekte hat, ist umstritten. Auf jeden Fall gibt es nach dem Exil neben, aber auch im Tempel Synagogen und Lehrhäuser als Ergänzung und Parallele zum Tempel. Damit wird eine Entwicklung in Gang gesetzt, die später - was die Männer angeht - eine demokratisierende Wirkung haben wird. Wenn die Thora nämlich im Laufe der Jahre noch wichtiger wird, gewinnt auch die Position der Schriftgelehrten an Gewicht, und Schriftgelehrter kann im Prinzip jeder werden. Sie kommen nicht aus einem bestimmten Geschlecht wie die Priester. Wenn nach der Zerstörung des Jerusalemer Tempels (im Jahre 70 n. Chr.) die Thora die Identität des Volkes weitertragen wird und zum einzigen geistigen Machtzentrum wird, bleiben nur noch die Schriftgelehrten. Sie sind die neuen Priester der Gemeinschaft.

Das "Freie jüdische Lehrhaus" in Frankfurt am Main (1920-1927)

Das wohl berühmteste Lehrhaus in unserem Jahrhundert ist das "Freie jüdische Lehrhaus", das Franz Rosenzweig 1920 in Frankfurt am Main gründete. Rosenzweig, der als Sohn assimilierter Eltern Geschichte und Philosophie studiert hat, hat überraschenderweise von einer universitären Karriere (und einer christlichen Taufe) abgesehen und sich dem Judentum zugewandt. Es gibt in seiner Generation mehrere von diesen sogenannten "Heimkehrern". Für Rosenzweig hängt diese Rückkehr zusammen mit einem Gespür für die Grenzen der Aufklärung, die den Juden und Jüdinnen im 18. und 19. Jahrhundert zwar den Weg aus dem Ghetto in die bürgerliche Gesellschaft geboten hat, gleichzeitig aber den Verzicht auf ihr Judesein forderte. Schon früh hat Rosenzweig die Gefahren dieser totalitären Seite der Aufklärung, die alles, was anders ist, ausschließt, durchdacht und im Widerstand gegen diese Totalität, in der Rückbesinnung auf das Eigene einen Weg zur Gesundung der Humanität gesehen. Er zieht daraus die persönliche Konsequenz, als jüdischer Lehrer im Bereich der jüdischen Erwachsenenbildung aktiv zu werden, um anderen Juden und Jüdinnen zu helfen, den Weg zu ihren eigenen Wurzeln zurückzufinden. Dazu greift er die alte Tradition des jüdischen Lehrhauses auf und gibt ihr ein neues geistiges Fundament. Er spricht von einem "neuen Lernen". Charakteristisch für das alte Lernen war die traditionelle Geborgenheit und Geschlossenheit der Thora (im umfassenden Sinne), mit deren Hilfe man sich in der Welt orientierte. Die naive Weltordnung ist mit der Aufklärung aber endgültig zerbrochen und man kann nicht mehr hinter diese Befreiung zurück. Das neue Lernen geht darum nicht von innen nach außen (von der Thora in die Welt), sondern den umgekehrten Weg, von außen nach innen (von der Welt, aber vor allem auch mit der Welt zurück in die Thora hinein). Nach der Befreiung von der alten weltfremden Geschlossenheit des Glaubens muß es zu einer zweiten, zu einer wirklichen Befreiung kommen: einer Befreiung nämlich von dem Rausch der Freiheit, der als totale Entfesselung ins Nichts führt. Das ist die wahre Emanzipation, die in eine Richtung führt, die man vielleicht eine "zweite Naivität" nennen könnte.[50]

Einer der bekanntesten Mitarbeiter, den Rosenzweig für die Arbeit im Lehrhaus gewinnen kann, ist Martin Buber, der nach der Lähmung Rosenzweigs das Lehrhaus bis 1927 weiterleitet.

Im Frankfurter Lehrhaus gibt es kleine und intensive Arbeitsgruppen (z.B. Talmudstudium) und größere öffentliche Veranstaltungen (z.B. über die heilige Schrift, über das Gebet, aber auch über "Der Judenhaß im Wandel seiner Gestalten"). Es sollen keine akademischen Vorträge gehalten werden, sondern Vorträge, die zum Gespräch einladen. Nicht der geschriebene Text, sondern das gesprochene Wort, die Begegnung ist entscheidend. Die Anwesenden müssen sich am Lernen aktiv beteiligen, müssen Fragen stellen. Und sie müssen lernen, daß man morgen lehren kann, was man heute gelernt hat.

Die jüdisch-geistige Besinnung, die das Lehrhaus anstrebt, ist verbunden mit einem Gespür für die Krise, die im 1. Weltkrieg bereits ihre ersten Opfer gefordert hat. Einer der Teilnehmer des Lehrhauses, R.Koch, schreibt 1923: "Möge unser [jüdischer] fernerer Weg mit ihnen [den Völkern] nicht wieder ein Weg des Leidens werden, wie es auf so langen Strecken gewesen ist. Wenn unser geschichtliches Leid aber wieder kommt, dann wollen wir wissen, warum wir leiden, wir wollen nicht wie Tiere sterben, sondern wie Menschen, die wissen, was gut und schlecht ist. Aber wir suchen nicht das Leid, sondern den Frieden. Daß wir Juden sind, daß wir Fehler und Tugenden haben, ist uns genug von uns selber und anderen gesagt worden. Wir haben es zu oft gehört. Das Lehrhaus soll uns lehren, warum und wozu wir es sind ..."[51] Nach dem 2. Weltkrieg wird Ernst Simon, ein anderer Teilnehmer des Lehrhauses, rückblickend sagen: "Wir waren unbewußte Seismographen eines fernen Erdbebens."[52] Und R.Mäyer: "In scheinbar noch gesicherter Zeit wurde hier schon eine Tendenz des geistigen Widerstands sichtbar."[53]

Der niederländische Theologe Kornelis Heiko Miskotte (1894-1976) hat 1933 mit seinem Buch "Het wezen der Joodsche religie" das Werk von Franz Rosenzweig und Martin Buber in den Niederlanden bekanntgemacht. Ein zweites Hauptwerk Miskottes erscheint 1939 (!) unter dem Titel "Edda und Thora", in dem er die Struktur der germanischen Eddalieder und der Thora miteinander vergleicht und die Aktualität dieses Vergleichs vorführt. In diesen beiden, so Miskotte, begegnen uns zwei einander ausschließende Geistesstrukturen. In dem Vorwort schreibt er: "Glaube steht gegenüber Glaube; die Fronten zeichnen sich stets deutlicher ab. Keine taktischen Umwege, keine Camouflage, kein Raffinement kann mehr verbergen, daß es auf einen Kampf zwischen der Wirklichkeit des Heidentums und derjenigen Wahrheit hinausläuft, die Kirche und Judentum gemeinsam haben, sofern sie das Alte Testament gemeinsam haben."[52]

Das Alte Testament, die Thora, gehört nach Miskotte ins Zentrum des christlichen Glaubens. Diese grundlegende Einsicht ist der Kirche verlorengegangen und dadurch hängt ihre gesamte Verkündigung in der Luft. Die Struktur der biblischen Botschaft von der Thora her zurückzugewinnen, ist für Miskotte programmatisch - auch für den Widerstand im 2. Weltkrieg! So lehrt Miskotte im besetzten Amsterdam viele Menschen, die in ihren Gemeinden Kreise leiten, das biblische ABC. In dem Buch, das 1941 unter diesem Titel - "Bijbels abc" - erscheint, heißt es abschließend: "Wir sind ans Ende dieses Kursus gekommen. Nun muß die Praxis des Zusammenlebens in den Kreisen kommen - ernst, offen, familiär, so daß Kerne von *Mündigkeit* entstehen." (178[53]) "Und nun ist es die traurige Entdeckung der schwachen Konstitution dieser Kerne *nota bene in dieser Zeit*, die uns nach Mitteln Ausschau halten läßt, ... um dem abzuhelfen, bevor es zu spät ist. Die Aufrichtigen nah und fern sehen die *Verlegenheit* der Kirche; sie sehen, daß, während die Intellektuellen tropfenweise zurückzukehren beginnen, die Arbeiter in ihrer großen Masse unbewegt bleiben und die Bauern teilweise in ihre angeborene Naturreligion zurückzusinken scheinen. Das ist alles schlimm, vor allem auch darum, weil es alles seinen Grund hat und begreiflich ist in einer entgöttlichten Welt. Doch wir halten es nicht für das Schlimmste: dann nicht, wenn die bekennende Kirche selber weiß, was sie ist, was sie hat, was ihr obliegt, und vor allem auch weiß, was sie will - unter der Bedingung also, daß ein Kern wächst, der *seine Stelle einnimmt* an der Stätte, wo die schreckliche Auseinandersetzung *stattfindet*, und dort in Reih und Glied, gut ausgerüstet, mit hinlänglicher Geländekenntnis, *feststeht*. Aus der Schrift muß die Erneuerung kommen: nicht durch Wiederentdeckung dieses oder jenes vernachlässigten Aspektes, nicht durch verfeinerte Exegese und geistliche Übungen, sondern durch die Entdeckung ihrer Unizität als Gesamtzeugnis. Die Kerne müssen erwachen, sich die Augen reiben und sich losreißen aus der Suggestion des Heidentums, der natürlichen Religion, die in der Tat noch allzusehr in unserem Blut nach-rauscht." (184) "Wir meinen zu sehen, daß jetzt bei uns wie bei Israel in der Zerstreuung der 'beth-hamidrasch', das *Lehrhaus* nötig ist. In diesem Lehrhaus wird erworben und bewahrt, durchleuchtet und angeeignet, was in den heiligen Schriften erzählt (nicht erörtert), geschildert (nicht bewiesen) wird von dem einen oder einzigen, dem lebendigen Gott, von seinem Namen, von seinen Tugenden, von seinen Taten und von der Präsenz seiner Wirklichkeit in unserer Welt." (186)

"Praktisch geht der Angriff des Feindes, der uns jetzt bedroht, am Dogma vorbei; er richtet sein Geschütz auf viel einfachere Stellungen: auf den israelitischen Charakter der Schrift, auf die Einheit der Testamente. Ihn ärgert dieser Gott ... Darum muß auch unser geistlicher Widerstand viel elementarer sein; wir müssen endlich sehen lernen, wie und warum mit dem antiheidnischen Grundcharakter der Schrift, mit der Unmöglichkeit der natürlichen Theologie, *faktisch alles entschieden ist*." (195)

"Das ABC als Hilfsmittel wird taktisch und faktisch das *erste* sein müssen. Und aus welchem Grund vor allem? Weil der Weg zu dem großen Streit der Geister *von da aus* sich - viele werden es nicht glauben - wirklich als der *kürzeste* erweist, der kürzeste und bestgeschützte, derjenige, der von einer beklemmenden Defensive zu einer spontanen *Offensive* führt." (196) "Je fester wir an den Namen glauben, desto ungläubiger werden wir gegen die Urmächte des Lebens. Darum wollen wir 'lernen'. Je stiller wir werden vor Gottes Taten, desto mehr wird von uns ausgehen. Darum suchen wir die Gesellschaft und das Geleit der Lehre. (...) Wer treu im Lehrhaus gesessen hat, wird ein großer Streiter [eine große Streiterin] und wird große Taten tun. Und wer den Gesang des Hohenliedes in sich trägt, wird ausgehen und überall das geschundene Menschenantlitz zu verbinden finden." (198)

In seinen späteren Werken hat Miskotte die Notwendigkeit eines Lehrhauses für die christliche Gemeinde oft wiederholt, und es ist dann auch maßgeblich ihm zu verdanken, daß in den 60er Jahren in den Niederlanden so etwas wie eine Lehrhausbewegung entstanden ist. In vielen Gemeinden sind Lehrhäuser entstanden, die sich am Freien Jüdischen Lehrhaus von Rosenzweig orientieren. Manchmal sind Juden dabei, oft werden regelmäßig jüdische Lehrer eingeladen, meist sind es Orte des Lernens von und für Christen und Christinnen, die sich auf die jüdischen Wurzeln ihrer Tradition besinnen wollen.

Das Lehrhaus heute

Ich habe aus dem "biblischen ABC" von Miskotte so ausführlich zitiert, weil ich seine Sätze noch immer als richtungweisend betrachte. Auch wenn seitdem in den Niederlanden und in Deutschland vieles gelernt worden ist, das Grundanliegen Miskottes ist bislang in der kirchlichen Breite nicht zum Tragen gekommen. Noch ist die hebräische Bibel in den Gemeinden weitgehend unbekannt. Noch ist ihre Struktur bei weitem nicht zum Fundament des christlichen Glaubens geworden. Diese Basisarbeit steht noch aus. Es geht um weit mehr als den Besuch einer Synagoge, eine Fahrt ins sogenannte Heilige Land, die Anschaffung eines Leuchters oder die Lektüre einer chassidischen Anekdote. Es geht um nichts weniger als eine *Reformation* der Kirche von der hebräischen Bibel her. Anfang dieses

Jahrhunderts hat es im Zuge des 1.Weltkrieges eine reformatorische Wende gegeben, die das Bündnis von Thron und Kanzel, von weltlicher Siegermacht und Wort Gottes zerschlagen und dem geistigen Widerstand gegen die nationalsozialistische Ideologie eine Sprache gegeben hat. Das Anderssein Gottes wurde gegen die Mächte dieser Welt ins Zentrum gerückt. Diese Wende, die bleibend mit dem Namen Karl Barth verbunden ist, war vornehmlich neutestamentlich, christologisch begründet. Will sie weiterhin greifen, muß sie aber eine Vertiefung bis auf ihre hebräischen Wurzeln bekommen. Unsere Zeit ist die Zeit der hebräischen Bibel, die die alte Reformation des 16. Jahrhunderts in ihrer Zuwendung zur israelitischen Wahrheit weiterführen wird. Eine solche biblisch begründete Umwälzung der Kirche wird Hand in Hand gehen mit großen politischen, sozial-ökonomischen Veränderungen, die wir dringend brauchen. Deshalb brauchen wir Gemeindekerne, die sich schulen in der geistigen Struktur der gesamten (alt- und neutestamentlichen) *israelitischen* Schrift.

Anhang: Der Jakobszyklus
eine Nacherzählung für Kinder von Ingrid Depner

Die Nacherzählung (Gen 25,19 - 33,20) wurde für eine Unterrichtseinheit über den Jakobszyklus in einer 8. Gymnasialklasse geschrieben.

1. Wer ist der Älteste?

Jakob und Esau werden geboren
Isaak heiratete Rebekka. Lange Zeit bekamen sie keine Kinder. Aber eines Tages war Rebekka doch schwanger. Bald brachte sie Zwillinge zur Welt: zwei Söhne. Den zuerst geborenen nannten Rebekka und Isaak Esau. Den zweiten, der nur ein paar Minuten jünger war, nannten sie Jakob.

Als die beiden erwachsen waren, wurde Esau Jäger, und Jakob wurde Hirte. Da Isaak furchtbar gerne Wild aß und Esau ihm regelmäßig welches jagte, mochte Isaak seinen älteren Sohn Esau lieber. Rebekka hing mehr an ihrem jüngeren, an Jakob.

Die Linsensuppe
Einmal kam Esau völlig erschöpft von der Jagd nach Hause. Jakob hatte gerade Linsensuppe gekocht. Die duftete durch's ganze Zelt. Esau folgte dem Duft. Die Suppe roch nicht nur gut, sie sah auch ausgesprochen lecker aus, fand Esau. "Gib mir von der Suppe!" sagte er zu Jakob. Er war schrecklich hungrig.

Das war die Gelegenheit, auf die Jakob schon immer gewartet hatte: Immer hatte er sich geärgert, daß er "der Kleine" war. Obwohl Esau nur ein paar Minuten vor ihm geboren war, hielten alle in der Familie ihn für wichtiger. Er war der "Erstgeborene", der "Stammhalter". Das sollte sich jetzt ändern!

"Gut", sagte Jakob zu Esau, "du kriegst Linsensuppe. Aber nur, wenn ich in Zukunft der Ältere von uns beiden sein darf!" "Mir doch egal, wer von uns beiden der Ältere ist! Ich bin am Verhungern!" knurrte Esau, "Gib endlich die Suppe her!" Jakob gab ihm von der Linsensuppe.

Der Segen

Isaak war alt geworden. Er konnte kaum noch sehen. Da rief er Esau zu sich und sagte: "Mein Ältester! Ich weiß nicht, wann ich sterben muß. Zieh' also los und jage mir etwas. Bereite das Wild lecker zu und bring' es mir. Dann will ich dich segnen." Sofort ging Esau auf die Jagd.

Rebekka hatte dieses Gespräch mitbekommen und erzählte gleich ihrem Lieblingssohn Jakob davon. Der wurde ganz aufgeregt. Esau hatte wohl völlig vergessen, was sie bei der Linsensuppe ausgemacht hatten! Er, Jakob, war jetzt der Älteste! Er hatte das Recht auf den Segen! Aber wie sollte er das seinem Vater erklären? Jakob beriet sich mit seiner Mutter. Sie schmiedeten einen Plan. Gar nichts würden sie Isaak erklären! Rebekka würde zwei junge Ziegen lecker zubereiten. Jakob würde sich als Esau verkleiden und seinem Vater die Ziegen servieren. Der würde denken, er sei Esau, und ihn segnen. So einfach war das. Ohne irgendwelche Erklärungen!

Als Jakob mit dem Essen kam, wunderte Isaak sich, daß das so schnell gegangen war. Auch die Stimme seines Sohnes klang ihm eher nach Jakob. Er wurde mißtrauisch. Doch Jakob roch nach Esau, weil er seine Kleider angezogen hatte. Und seine sonst glatte Haut war jetzt haarig wie Esaus Haut. Er hatte nämlich die Felle der jungen Ziegen über seine Arme gebreitet. So glaubte Isaak schließlich doch, Esau vor sich zu haben. Er segnete Jakob und sagte:

"Gott soll dir von allem reichlich geben, was du zum Leben brauchst. Deine Brüder sollen sich dir unterordnen. Wer dir Böses wünscht, dem soll es schlecht gehen. Wer dir Gutes wünscht, dem soll es gut gehen."

Isaak hatte eben zu Ende gesprochen, und Jakob war weggegangen. Da kam Esau mit seinem Wildbraten und wollte gesegnet werden. Isaak wurde vor Schreck ganz übel. Zitternd berichtete er Esau, was passiert war. Esau war verzweifelt. Er schrie und weinte und schimpfte auf Jakob:

"Jetzt hat der mich schon zum zweiten Mal betrogen! Zuerst mit der Linsensuppe. Und jetzt um den Segen. Sicher heißt er deshalb Jakob, *Betrüger*!"

Weinend verlangte Esau auch einen Segen von seinem Vater. Aber das ging nicht. Der Segen für Jakob war gültig und konnte nicht zurückgenommen werden.

"Na warte, Jakob", dachte Esau, "wenn unser Vater erst tot ist, bring' ich dich um!"

2. Jakobs Flucht zu Laban

Jakob muß weg
Rebekka ahnte die Rachegelüste ihres Sohnes Esau. Sie hatte Angst um Jakob. Deshalb warnte sie ihn: "Paß' auf, dein Bruder will dich umbringen! Geh' lieber für eine Weile weg. Am besten zu meinem Bruder Laban. Dort kannst du bleiben, bis Esau sich beruhigt hat!"

Das klang vernünftig. Jakob zog los. Unterwegs dachte er nach: Jetzt war er zwar der Älteste, und Isaak hatte ihn gesegnet. Aber was hatte er davon? Vorerst mußte er fliehen. Laban kannte er nicht. Was sollte er dort? Und wann würde er wieder nach Hause dürfen? Eigentlich fühlte Jakob sich gar nicht wohl.

Jakobs Traum
Der Weg zu Laban war weit. Zu weit, um ihn an einem Tag zu gehen. Vor dem Einschlafen dachte Jakob an seinen Segen. Ob der ihm was nützen würde?

Er träumte von seinem Segen. Gott sprach mit ihm: "Hab' keine Angst, Jakob! Ich bin der Gott deines Vaters Isaak und deines Großvaters Abraham. Ich werde auch dein Gott sein! Ich werde dich beschützen, egal, wohin du gehen mußt. Und ich werde dir helfen, wieder nach Hause zu kommen!"

Als Jakob aufwachte, fühlte er sich besser. "Wenn dieser Gott hält, was er versprochen hat", überlegte er, "dann muß ich mir keine Sorgen machen. Dann will ich diesen Gott als meinen Gott anerkennen."

3. Jakob bei Laban

Jakob kommt an
Nachdem Jakob noch eine Weile gegangen war, kam er an einen Brunnen. Dort traf er Hirten mit ihren Schafen. "Kennt

ihr Laban?" fragte er. "Klar!" war die Antwort, "Da kommt gerade seine Tochter Rahel mit den Schafen." "Das klappt ja ganz gut!" dachte Jakob. Er lief Rahel entgegen und stellte sich als Verwandter vor. Sofort holte sie Laban. Der fiel Jakob um den Hals und fragte ihn nach seiner Familie aus. Jakob erzählte alles. "Haha, du bist wirklich mein Neffe!" lachte Laban und klopfte Jakob auf die Schulter. Jakob fand das seltsam.

Jakob möchte Rahel heiraten
Von da an wohnte Jakob bei Laban und arbeitete für ihn. Nach einem Monat fragte Laban: "Was willst du für deine Arbeit?" Jakob dachte einen Moment nach. Dann wußte er die Antwort. Er wollte Rahel heiraten. Obwohl es taktisch klüger gewesen wäre, ihre ältere Schwester Lea zu heiraten. Denn wie bei Jakob zu Hause, so war auch in Labans Familie die Ältere wichtiger. Außerdem hatte Lea schöne sanfte Augen. Aber Jakob liebte Rahel. Vielleicht, weil er wußte, wie schwer man es als Jüngerer hat. Oder weil Rahels gute Figur es ihm angetan hatte. Wahrscheinlich spielte beides eine Rolle - und noch viel anderes.

Jedenfalls antwortete er Laban: "Ich möchte Rahel heiraten. Dafür würde ich sieben Jahre lang für dich arbeiten." "Gut", sagte Laban, "ich verheirate sie lieber mit dir als mit einem Fremden."

Jakobs Hochzeit
Die sieben Jahre vergingen für Jakob rasend schnell, denn er war ja verliebt. Er dachte immer an Rahel und an ihre Hochzeit. Auch Rahel freute sich. Als es soweit war, ging Jakob zu Laban und erklärte: "So. Jetzt will ich aber heiraten!"

Laban organisierte ein großes Saufgelage für alle Leute aus dem Dorf. Das sollte das Hochzeitsfest sein. Abends brachte er seine Tochter Lea als Braut zu Jakob. Er hatte sie so geschickt verschleiert, daß man sie gar nicht erkennen konnte. Daß Lea geweint hatte, weil sie sich schämte, hatte ihr nichts genützt. Sie war zwar die älteste Tochter, aber doch bloß eine Frau. Und die hatten bei Laban nichts zu sagen. Auch Rahels Verzweiflung beeindruckte Laban wenig. Er dachte nur daran, daß Jakob gut arbeitete und also weiter für ihn arbeiten sollte. Wäre Rahel erst seine Frau, würde er Laban bestimmt verlassen.

Jakob bemerkte den Betrug erst am nächsten Morgen. Wütend rannte er zu Laban. Doch der fühlte sich völlig im Recht: "Bei euch geht das vielleicht, daß der Jüngere vor dem Älteren drankommt" sagte er. "Bei uns bleibt die Älteste die Älteste. Und die heiratet zuerst. Basta!" "Tolle Regel" fand Jakob. "Vor allem, wenn man's erst hinterher erfährt!" Jetzt tat Laban großzügig: "Natürlich kannst du auch Rahel heiraten", bot er an, "du mußt nur noch einmal sieben Jahre für mich arbeiten." "*Nur* ist gut!" dachte Jakob. Aber weil er Rahel liebte, heiratete er auch sie und blieb bei Laban.

Während der Arbeit dachte er manchmal nach. Darüber, wie er Esau betrogen hatte und wie Laban jetzt ihn betrogen hatte. Da dämmerte ihm, wieso Laban ihm bei der Begrüßung so begeistert auf die Schulter geklopft hatte...

4. Wer ist Jakobs erste Frau?

Rahel und Lea sind unglücklich
Nicht nur Jakob war von Laban betrogen worden. Laban hatte auch seine eigenen Töchter betrogen, vielleicht noch mehr als Jakob.

Lea war als erste verheiratet worden, wie es sich für eine älteste Tochter gehörte. Aber sie war unglücklich, denn Jakob liebte sie nicht.

Rahel hatte gehofft, zum ersten Mal in ihrem Leben nicht die Zweite sein zu müssen, sondern die Erste sein zu dürfen. Nämlich die erste Frau Jakobs, der sie liebte und den sie liebte. Jetzt war sie wieder die Zweite! Nichts hatte sich für sie geändert: früher zweite Tochter nach Lea, jetzt zweite Frau - und wieder nach Lea!

Lea kann hoffen
Lea konnte bald Hoffnung schöpfen: Sie gebar in kurzen Abständen vier Söhne.

Den ersten nannte sie Ruben, *Sohnessicht*. Gott hatte *gesehen*, daß Jakob sie nicht liebte.

Den zweiten nannte sie Schimon, *Erhörung*. Gott hatte ihre Klage *gehört*.

Den dritten nannte sie Lewi, *Lehnean*. Nun würde Jakob sie lieben.

Den vierten nannte sie Jehuda, *Danksage*. Denn Lea war Gott dankbar.

Rahel wehrt sich

Rahel war Gott nicht dankbar. Im Gegenteil. Sie fühlte sich bedroht. Würde Jakob wegen der vielen Söhne jetzt doch Lea lieben, so hätte sie gar nichts mehr zu melden: Sie war unfruchtbar und offiziell doch nur Jakobs zweite Frau. Rahel hatte Angst.

Darum gab sie Jakob ihre Magd Bilha zur Frau. Ob Bilha das wollte, interessierte sie nicht. Bilhas Kinder würden als Rahels Kinder gelten. Der Plan ging auf: Bilha gebar zwei Söhne.

Den ersten nannte Rahel Dan, *Urteiler*. Gott hatte Lea fruchtbar sein lassen und damit *geurteilt*: Lea war Jakobs erste Frau (auch wenn Jakob Rahel liebte), das mußte Rahel anerkennen.

Den zweiten Sohn nannte Rahel Naftali, *Wettkämpfer*. Lea war Jakobs erste Frau. Aber Rahel würde weiter darum *kämpfen*, nicht benachteiligt zu werden. Auch eine zweite Frau und kleine Schwester hat ein Recht darauf, glücklich zu sein!

Auch Lea kämpft

Nun bekam Lea Angst: Jakob liebte immer noch Rahel. Die hatte durch ihre Magd zwei Söhne. Und Lea gebar keine Söhne mehr. Wie sollte sie so geliebt werden?

In ihrer Not gab sie Jakob ihre Magd Silpa zur Frau. Auch sie fragte Silpa nicht, ob sie einverstanden war. Es gelang auch Lea: Silpa gebar zwei Söhne.

Lea nannte sie Gad, *Glück*, und Ascher, *Selig*. Denn nun würde Jakob sie lieben.

Aber Lea täuschte sich: Jakob liebte nach wie vor Rahel.

Wozu Minneäpfel gut sein können

Eines Tages fand Leas Sohn Ruben Minneäpfel. Er brachte sie seiner Mutter. Es hieß, daß Frauen davon fruchtbar werden. Auch Rahel glaubte das. Da sie immer noch keine eigenen Söhne hatte, bat sie Lea: "Gib mir ein paar Minneäpfel!" "Du spinnst wohl!", fuhr Lea sie an, "Jakob liebt sowieso nur dich. Wenn du auch noch Söhne hast, schaut er mich gar nicht mehr an!" Irgendwie sah Rahel das ein. Auch Lea hatte es nicht leicht. Aber sie selbst konnte ihre Lage nicht mehr ertragen: zweite Frau und unfruchtbar! Das war zuviel! Rahel hatte eine Idee. "Weißt du was", schlug sie Lea vor, "gib mir ein paar Minneäpfel! Dafür soll Jakob heute nacht bei dir schlafen." Lea gab ihr von den Minneäpfeln.

Lea fängt an zu begreifen

Kurz darauf gebar Lea wieder zwei Söhne.

Sie nannte den ersten Jifsachar, *es gibt Lohn*. Sie dachte an *Lohn* dafür, daß sie ihre Magd Silpa zu Jakob geschickt hatte. Daran, daß Gott sie vielleicht belohnt hatte, weil sie ihrer Schwester von den Minneäpfeln gegeben hatte, dachte sie nicht.

Den zweiten Sohn nannte Lea Sebulon, *Geschenk*.

Dann gebar Lea eine Tochter.

Sie nannte sie Dina, *Gericht*. Sie hätte nämlich lieber einen siebten Sohn gehabt. Deshalb fühlte sie sich mit einer Tochter *bestraft*. Sie wußte bloß nicht, wofür. Als sie darüber nachdachte, begriff sie: Natürlich hatte sie Strafe verdient. Weil sie blöd gewesen war! Immer hatte sie nur an Jakob und an Söhne gedacht. Ihre Schwester hatte sie nur bekämpft. Über ihre Tochter hatte sie sich nicht gefreut. Dafür gehörte sie wirklich bestraft! Aber eine Tochter war bestimmt keine Strafe!

Rahels erster Sohn

Wenig später wurde auch Rahel schwanger. Endlich gebar sie ihren ersten Sohn.

Sie nannte ihn Josef, *Gott hat meine Schande weggenommen*. Josef heißt aber auch *Gott gebe mir noch einen Sohn!* Denn Rahel wußte: Sie würde weiter um ihr Recht kämpfen müssen. Zwar hatte sie jetzt einen Sohn, aber sie war noch immer die zweite Frau und jüngere Schwester!

5. Jakob geht mit seiner Familie weg von Laban

Jakob hat genug von Laban

Jakob blieb noch länger als sieben Jahre bei Laban. Er bekam Lohn für seine Arbeit. Zwar versuchte Laban immer, Jakob zu betrügen, aber das klappte nie. Jakob war schlauer.

So war Jakob bei Laban reich geworden. Labans Söhne beneideten ihn. Auch Laban selbst wurde immer unfreundlicher. Wahrscheinlich ärgerte es ihn, daß er Jakob nicht betrügen konnte.

Jakob fühlte sich nicht mehr wohl. Er wollte nach Hause. Aber dort war Esau. Vor dem hatte er Angst. Gott sagte zu Jakob: "Geh'! Ich werde dich beschützen!" Da beschloß Jakob zu gehen.

Er besprach seinen Entschluß mit Rahel und Lea. Die freuten sich: "Laß uns tun, was dein Gott gesagt hat", sagten sie. "Zu uns war unser Vater sowieso auch gemein! Als er uns mit dir verheiratete, hat er uns behandelt wie Dinge, die man verkaufen kann!"

Rahel stiehlt

Bevor sie aufbrachen, sah Rahel sich noch einmal im Zelt ihres Vaters um. Zum Abschied sozusagen. Ihr Blick fiel auf ein paar Götterfiguren. Das waren die Götter ihres Vaters.

"Blöde Götter!" dachte sie. "Die Leute beten sie an. Dann betrügen sie ihren Neffen und ihre eigenen Töchter. Aus bloßer Geld- und Machtgier. Diese Götter tun nichts dagegen. Entweder es ist ihnen egal, oder sie können gar nichts tun. Jedenfalls sind sie nichts wert. Die hätte mein Vater verkaufen sollen, nicht uns!"

Plötzlich hatte Rahel eine Idee: "Ich nehm' die Dinger mit", entschied sie "gegen Heimweh. Wenn ich sie anschaue, werde ich mich erinnern, wie die Leute hier miteinander umgehen. Dann werde ich froh sein, daß ich weg bin! Und mein Vater fängt vielleicht an nachzudenken, wenn er diese komischen Figuren nicht mehr hat."

Laban holt Jakob ein
Laban bemerkte die Flucht erst drei Tage später. Empört jagte er den Fliehenden nach. Zur Verstärkung nahm er eine Truppe von Verwandten mit.

Als sie Jakob eingeholt hatten, schrie Laban ihn an: "Du bist wohl verrückt geworden, einfach so mit meinen Töchtern abzuhauen! Als wären sie deine Gefangenen!"

"Soso", dachten Rahel und Lea, "Jakob hält uns also wie Gefangene. Und wie hast du uns behandelt?!"

Laban schimpfte weiter: "Hättest du mir Bescheid gesagt, hätte ich ein Abschiedsfest für euch organisiert. Du hast dich ganz schön danebenbenommen! Ich könnte mich an dir rächen. Aber dein Gott hat mich davor gewarnt. Also lasse ich euch ziehen. Verrate mir bloß noch eines: Mit welchem Recht hast du meine Götter gestohlen?"

Nun geriet Jakob außer sich: "Von wegen Abschiedsfest! Deine Feste kenn' ich!" (Er dachte an seine Hochzeit...) "Ich hatte Angst, du würdest uns nicht gehen lassen. Und gestohlen hab' ich gar nichts! Du kannst deine Götter ruhig bei uns suchen. Wer sie hat, soll sterben!"

Rahels Trick
Natürlich wußte Jakob nicht, daß die Götter bei Rahel waren. Sonst hätte er das nicht gesagt. Rahel hatte die Figuren in den Sattelkorb ihres Kamels gesteckt und sich draufgesetzt. Sie hatte Angst, aber sie hatte auch einen Plan.

Laban suchte wie wild in allen Zelten: bei Jakob, bei den Mägden, bei Lea. Selbstverständlich umsonst. Zuletzt kam er zu Rahel. Er war schon ziemlich wütend. Im ganzen Zelt fand er nichts. Das machte ihn noch wütender. Jetzt kam er zu Rahels Kamel. Sie mußte etwas tun. Sie spielte die brave Tochter und sagte: "Verzeih mir, Vater, daß ich vor dir nicht aufstehen kann, wie es sich gehört. Ich habe meine Tage." Das war Laban peinlich. Er stöberte noch etwas im Zelt herum und ging.

Der Vertrag

Jakob triumphierte: "Siehst du! Du hast mich zu Unrecht beschuldigt! Und wenn mein Gott nicht gesehen hätte, daß du ungerecht zu mir bist..."

("Und daß er zu uns ungerecht ist!" flüsterte Lea Rahel zu. "Und zu uns!" sagte Bilha zu Silpa, denn sie hatte Leas Flüstern gehört.)

" ...dann hättest du mich garantiert ohne Lohn weggeschickt!"

Darauf ließ Laban sich nicht ein. "Alles, was du hast, gehört eigentlich mir", argumentierte er. "Aber weil du der Mann meiner Töchter bist, laß uns einen Vertrag schließen."

Jakob und Laban bauten aus Steinen ein Denkmal. Laban sagte feierlich:

"Wehe dir, Jakob, wenn du meine Töchter jemals schlecht behandelst! Dieses Denkmal soll die Grenze zwischen uns sein. Die darf keiner von uns überschreiten, um gegen den anderen Krieg zu führen."

"Sieh' da!" freute sich Rahel, "mein Vater scheint ohne seine blöden Götter wahrhaftig vernünftiger geworden zu sein. Jetzt sind wir ihm schon wichtig genug, um in einem Vertrag beschützt zu werden!"

Jakob und Laban versprachen einander, sich an den Vertrag zu halten. Danach ging Laban mit seinen Leuten zurück in sein Land.

6. Jakob und Esau sehen sich wieder

Jakob hat Angst

Für Jakob war es nicht so einfach, in sein Land zurückzugehen. Dort war nämlich sein Bruder Esau. Esau, den er betrogen hatte und vor dem er zu Laban geflohen war.

Auch jetzt hatte Jakob Angst vor Esau. Er schickte Boten voraus. Die sollten Jakob bei Esau anmelden und ihm sagen, daß Jakob um Verzeihung bittet. Die Boten kamen zurück. Sie hatten nicht mit Esau gesprochen. Aber sie hatten gesehen, daß er Jakob mit 400 Mann entgegenkam.

Jakob bekam noch mehr Angst. Er dachte an Gott. Der hatte versprochen, ihn zu beschützen. Es gab kein Zurück. Jakob schickte Esau Geschenke entgegen: Knechte mit Viehherden. Er hoffte, seinen Bruder damit besänftigen zu können.

Am Abend brachte Jakob seine Familie und seinen Besitz über den Fluß Jabbok. Dann kehrte er zurück auf die andere Seite. Er wollte noch einmal alleine übernachten, bevor er auf Esau traf.

Ein Mann kämpft mit Jakob
In der Nacht kämpfte ein Mann mit Jakob. Bis zur Morgendämmerung. Der Mann konnte Jakob nicht besiegen. Er schlug Jakob auf die Hüfte. Aber Jakob hielt ihn fest.

"Laß mich los!" bat der Mann. "Nur, wenn du mich segnest!" erklärte Jakob. "Wie heißt du?" fragte der Mann. "Jakob, *Betrüger*", gab Jakob zu. Der Mann gab Jakob einen neuen Namen: "Du sollst nicht mehr Jakob, *Betrüger*, heißen. Man soll dich Israel, *Fechter Gottes*, nennen. Denn du kämpfst mit Gott und mit Menschen und gewinnst." "Sag' mir, wie du heißt!" forderte Jakob.

Doch der Mann antwortete nicht. Er segnete Jakob, und Jakob ließ ihn los.

Am nächsten Morgen fühlte Jakob sich fix und fertig. Er war müde, und seine Hüfte tat ihm weh. Er hockte auf dem Boden und grübelte:

"Wer war bloß dieser Mann heute nacht? Daß ich mit Gott und mit Menschen kämpfe, hat er gesagt. Klar, mit Menschen habe ich gekämpft: mit Esau, mit Laban, mit meinem Vater. Aber mit Gott? War dieser Mann vielleicht Gott? Warum hat er dann mit mir gekämpft? Gott wollte mir doch helfen! Kann sein, daß der Mann was mit Esau zu tun hatte. Aber wann habe ich dann mit Gott gekämpft? Vielleicht, als ich mit Esau um den Segen kämpfte. Dann könnte Gott auch heute nacht für Esau mit mir gekämpft haben. Er hat gesagt, daß ich nicht mehr Jakob, *Betrüger*, sein soll. Ich kann nicht mit Menschen kämpfen, ohne mit Gott zu kämpfen. Denn Gott kämpft immer auch für die anderen Menschen. Deshalb darf ich die anderen nicht um ihr Recht betrügen, wenn ich um mein Recht kämpfe. Und so gewinne ich!"

Die Versöhnung

Jetzt fühlte Jakob sich wohler. Er machte sich auf den Weg. Hinter seiner Familie her und zu Esau. Er hinkte, weil ihm seine Hüfte weh tat. Wenigstens konnte er so nicht vergessen, was er in der Nacht gelernt hatte!

Plötzlich hörte Jakob Lärm. Da kam Esau mit seinen 400 Mann! Jakob war doch wieder recht mulmig zumute. Er machte sich Mut: "Du gewinnst!" hatte der Mann gesagt. Aber auch: "Wenn du dem anderen sein Recht gibst!" Also verbeugte Jakob sich siebenmal, während er auf Esau zuging. Schließlich war Esau doch sein älterer Bruder!

Esau kam ihm entgegen, fiel ihm um den Hals und küßte ihn. Jakob fiel ein Stein vom Herzen. Er weinte. Esau weinte auch.

Anmerkungen

Kapitel 1

1   Im hebräischen Original steht hier der Gottesnamen, der nicht ausgesprochen wird und von Luther und vielen anderen Übersetzern mit "HERR" umschrieben wird. Anders als Buber-Rosenzweig habe ich mich für die Umschreibung "der Heilige Israels" entschieden. In Kapitel 8 wird ausführlich auf Bedeutung und Übersetzung des Gottesnamens eingegangen.

2   Deshalb möchte ich an dieser Stelle meinen Amsterdamer Lehrern danken, von denen ich fast alles, was in diesem Buch steht, gelernt habe. Rudi van Roon, der mich als erster ins Lehrhaus führte, Dick Boer, der mir die politische Spitze vieler der hier ausgelegten biblischen Erzählungen zeigte, Bert ter Schegget, Kleys Kroon, Rochus Zuurmond, Karel Deurloo und Frans Breukelman. Danken möchte ich aber auch meiner Lebensgefährtin Klara Butting, die diese Amsterdamer Schule für mich feministisch durchweht hat.

3   Ähnlich legt auch der Hebräerbrief aus: "Durch Glauben brachte Abel Gott ein besseres Opfer dar als Kain; durch ihn ward er bezeugt als Gerechter ..." (11,4; siehe auch 1.Johannes 3,12 und Judas Vers 11). Hinter dieser Auslegung des Hebräerbriefs steht die Absicht, die biblische Kontinuität von Abel bis Jesus zu unterstreichen, die vor allem eine Kontinuität der Opfer und der Zuwendung Gottes zu den Opfern ist. Als Vorgänger auf Jesu Leidensweg nennt der Hebräerbrief Abel einen Gerechten. Kehrseite dieser positiven Bewertung Abels ist die Abwertung Kains, die aus dem Text selber nicht hervorgeht. Es ist anzunehmen, daß Luther auf Grund dieser Auslegung in seiner Übersetzung den Text ein wenig interpretierend verändert hat: "Und der HERR sah *gnädig* an Abel und sein Opfer, aber Kain und sein Opfer sah er nicht *gnädig* an." Damit hat Luther das Licht, das vom sogenannten Neuen Testament her auf den Text fällt, in den Text hineingeschrieben, und jede Möglichkeit abgeschnitten, den Text vielleicht auch noch anders zu verstehen.

4   Statt Neues Testament sage ich lieber *die messianischen Schriften* und statt Altes Testament *hebräische Bibel*, weil sonst zu Unrecht der Eindruck geweckt wird, daß wir es mit etwas Neuem und mit etwas Veraltetem und Überholtem zu tun haben. Manchmal wird für Altes Testament auch das Wort *Thora* benutzt werden, das in erster Linie die 5 Bücher Mose, das Fundament der jüdischen Tradition, bezeichnet. Als dieses Fundament kann Thora dann auch

"die ganze Schrift" und sogar "die ganze schriftliche und münd-
liche Tradition" bedeuten. Das Wort Thora selbst bedeutet "Unterricht", "Lehre" oder "Weisung", wie Buber-Rosenzweig übersetzen.
Luther hat Thora mit "Gesetz" übersetzt. Ein gutes Beispiel dafür,
daß Übersetzer oft mehr ihre eigene Geisteskultur als die des anderen wiedergeben

5   Susanne Petersen, Marktweiber und Amazonen. Frauen in der
    Französischen Revolution, Köln 1987, 90.

6   Karl Marx, Friedrich Engels, Werke, Band I, Berlin 1981, 364.

7   Ebenda.

8   Walter Jens, Juden und Christen in Deutschland, Stuttgart 1989,
    62f.

9   Abel J.Herzberg, Amor Fati; Tweestromenland, Amsterdam 1960,
    143.

10 Elie Wiesel, Adam oder das Geheimnis des Anfangs, Freiburg
    1980, 64.

11 Robert Raphael Geis, Gedenkrede für die jüdischen Opfer des NS,
    in: Gottes Minorität. Beiträge zur jüdischen Theologie und zur Ge-
    schichte der Juden in Deutschland, München 1971, 159f.

12 Primo Levi, Die Untergegangenen und die Geretteten, München/
    Wien 1990, 34.

13 Ebenda, 77f.

14 Ebenda, 81.

15 An diesen Punkt gelangt auch der Philosoph Emmanuel Lévinas,
    ebenfalls Überlebender des Naziterrors: Man kann in der Gesell-
    schaft, *so wie sie funktioniert*, nicht leben, ohne zu töten, oder zu-
    mindest nicht, ohne den Tod von irgend jemandem vorzuberei-
    ten." (Ethik und Unendliches. Gespräche mit Philippe Nemo,
    Wien 1986, 95. Hervorhebung GM.)

16 Elie Wiesel, Jude heute. Erzählungen, Essays, Dialoge, Wien 1987,
    213.

Kapitel 2

17 André Schwarz-Bart, Der Letzte der Gerechten, Frankfurt am
    Main 1979,10f.

18 Der Talmud ist *das* klassische jüdische Dokument, das die münd-
    liche Tradition Israels der ersten 4 bis 5 Jahrhunderte n.Chr.
    schriftlich festgehalten hat. Er lenkt das tägliche und das rituelle
    Leben bekennender Juden - einschließlich der Schriftexegese.

19 Traktat Megilla 8b und 9a-9b über die Übersetzung der Schrift, ausgelegt von Emmanuel Lévinas in: Stunde der Nationen. Talmudlektüren, München 1994, 57-87.

20 Die messianischen Schriften kennen ebenfalls diesen Respekt vor dem besonderen Charakter der biblischen Botschaft, der nicht einfach in alle Welt übertragen werden kann. Besonders die Pfingsterzählung weist auf das Wunder der Übertragung in andere Kontexte hin. Die messianischen Schriften sind selber ein Zeugnis dieses Wunders, sind sie doch in der griechischen Sprache geschrieben!

Kapitel 3

21 Abraham kommt aus Chaldäa, dem Land mit der Hauptstadt Babylon - so z.B. Jesaja 50,1. Über dieses Babel berichtet die Geschichte vom Turmbau zu Babel 1.Mose 11,1-9.

22 Der Name Jerusalem kommt in den 5 Büchern Mose nie vor. Öfters wird aber angedeutet, daß es um (das spätere) Jerusalem geht. Das ist auch in dieser Geschichte der Fall. Die 2. Chronik 3,1 berichtet z.B., daß Salomo den Tempel auf dem Berg Moria baute (3,1).

23 Siehe W.Zuidema, Isaak wird wieder geopfert. Die Bindung Isaaks als Symbol für die Leiden Israels, Neukirchen 1987.

24 Michael Krupp, Den Sohn opfern. Die Isaak-Überlieferung bei Juden, Christen und Muslimen, Gütersloh 1995, Geleitwort.

25 Ebenda.

26 Elie Wiesel, Ani maamin, ein verlorener und wiedergefundener Gesang, in: Jude heute, Wien 1987, 233-235.

27 Ebenda, 223.

28 Eine dritte Bezeichnung ist: *Churban*, das übersetzt Ruin, Zerstörung bedeutet (z.B. Jeremia 44,2). Traditionell wird mit diesem Wort die Zerstörung des Ersten und Zweiten Tempels als von Gott herbeigeführte Zeitenwende in Worte gefaßt. Zu den unterschiedlichen Bezeichnungen siehe: M.Brocke/H.Jochum, Der Holocaust und die Theologie - "Theologie des Holocaust", in: Wolkensäule und Feuerschein. Jüdische Theologie als Holocaust, Gütersloh 1982.

29 Abel Herzberg, Hineini, in: De man in de spiegel. Opstellen, toespraken en kritieken 1940-1979, Amsterdam 1980, 205. Übers. GM. Herzberg deutet das "Hineini" des Rabbiners selber als Moses Antwort beim brennenden Dornbusch, mit der er seine verantwortungsvolle Aufgabe auf sich nahm.

Kapitel 4

30 Benno Jakob, Das erste Buch der Tora, Genesis, Berlin 1934, 567.

31 A.Krijger, De tranen van Esau, Kampen 1986, 7. Übers. GM.

32 Auf diese Weise radikalisiert Lévinas ganz im Sinne der Jakobs-geschichte die "Ich und Du" - Philosophie Martin Bubers, bei der beide auf einer Ebene stehen und das "Ich" vorangeht.

33 Zvi Kolitz, Jossel Rakovers Wendung zu Gott, Möhlin und Villingen 1994, 62-72.

Kapitel 5

34 Der springende Punkt in dem Verhältnis zwischen Rahel und Lea ist nicht, daß die eine schön und die andere häßlich ist, wie fast alle Übersetzungen suggerieren (29,17). Lea hat keine matten Augen (Zürcher Bibel) oder Augen ohne Glanz (Luther), sie hat zarte Augen. Es kommt biblischen Autoren und Autorinnen nicht auf den Unterschied in Schönheit, sondern in Position an. Siehe Klara Butting, Texte und Kontexte 33 (1987), 36.

35 Amos Oz, Bericht zur Lage des Staates Israel, Frankfurt am Main 1992, 62.

36 Ebenda, 13f.

37 Siehe zu der Übersetzung "Lebenskraft" Stefanie Schäfer-Bossert, Den Männern die Macht und der Frau die Trauer? Ein kritischer Blick auf die Bedeutung von "on" - oder: Wie nennt Rahel ihren Sohn?, in: Hedwig Jahnow u.a., Feministische Hermeneutik und Erstes Testament. Analysen und Interpretationen, Bonn 1994.

38 Indem der brüderliche Rahmen eine schwesterliche Mitte bekommt, ist der patriarchale Charakter der biblischen Texte nicht aufgehoben. Die schwesterliche Mitte läßt Geschichte von Frauen sichtbar werden, die von zentraler Bedeutung ist, sie sprengt den brüderlichen Rahmen aber nicht. Viele Elemente der Geschichte von Rahel und Lea werden allerdings noch in der Bibel, in der Geschichte von Ruth und Naomi, aufgegriffen und zur Erfüllung gebracht. In dieser Geschichte zweier Frauen, die in Betlehem-Efrata (!) ihren Ort hat, wird die Orientierung auf den Mann als Löser der Probleme in Israel durchbrochen durch eine Orientierung der Frauen aufeinander. So wird z.B. von Ruth am Ende der Geschichte gesagt, daß sie für Naomi "besser ist als sieben Söhne". Siehe dazu Klara Butting, Die Buchstaben werden sich noch wundern. Innerbiblische Kritik als Wegweisung feministischer Hermeneutik, Berlin 1994.

Kapitel 6

39 Franz Rosenzweig, Die Schrift. Aufsätze, Übertragungen und Briefe, Königstein/Ts 1984, 82.

40 Ebenda, 83. Die Übersetzung heißt: Die Schrift, Verdeutscht von Martin Buber und Franz Rosenzweig, Heidelberg 1976. Eine einigermaßen vergleichbare Übersetzung des sogenannten Neuen Testamentes bietet Fridolin Stier, der über seine Übersetzungsarbeit viel mit Martin Buber gesprochen hat. Das Neue Testament, Übersetzt von Fridolin Stier, München 1989.

41 Martin Buber, Über die Wortwahl in einer Verdeutschung der Schrift, in: Martin Buber und Franz Rosenzweig, Die Schrift und ihre Verdeutschung, Berlin 1936, 137.

42 Franz Rosenzweig, Der Ewige, in: Die Schrift, a.a.O., 205.

43 Gerschom Scholem, Judaica 1, Frankfurt 1963, 214f.

44 Bibelübersetzungen, die sich nicht allzuweit vom Original entfernen und auch für den Gebrauch im Gottesdienst geeignet sind, sind die Zürcher Bibel und die Elberfelder Bibel.

Kapitel 7

45 Martin Buber, Gog und Magog, Frankfurt am Main und Hamburg 1957,7.

46 Babylonischer Talmud Traktat Sjabbat 119b.

47 Moses Maimonides, zitiert aus: Lernen und Lehren im Jüdischen Lehrhaus.

48 Shmu'el Hacohen, Zwijgende stenen, 's-Gravenhage 1990, 35. Übers. GM.

49 Ido Abram, Judentum und permanentes Lernen, in: Lehren und Lernen in jüdisch-christlicher Tradition; Erfahrungen aus den Niederlanden, Wittingen 1995, 47-59.

50 Rosenzweig nimmt z.B. die Weisung der Tradition, wie sie in der Form der Speiseregeln festgelegt worden ist, freiwillig auf sich, lehnt aber den zwingenden Charakter dieser Weisung in Situationen in denen sie gemeinschaftsgefährdend wirken könnte, ab. So wird bei den Rosenzweigs zu Hause koscher gegessen, zu Gast bei nicht jüdischen oder nicht orthodox jüdischen Menschen ist das aber nicht zwingend. Eine ähnliche Position finden wir bei dem Apostel Paulus im Römerbrief (Kapitel 14).

51 Michael Bühler, Erziehung zur Tradition - Erziehung zum Widerstand; Ernst Simon und die jüdische Erwachsenenbildung in Deutschland, Berlin 1986, 58f.

52 Ebenda, 58.

53 Ebenda, 70.

54 K.H.Miskotte, Edda en Thora, een vergelijking van germaansche en israelitische religie, Nijkerk 1939, 10. Übers. GM.

55 K.H.Miskotte, Biblisches ABC. Wider das unbiblische Bibellesen, Neukirchen-Vluyn 1976, 178-199. Miskotte spricht in diesem Buch wiederholt von einem "besseren Widerstand". Unter diesem Titel hat Miskotte März 1941 eine illegale Broschüre geschrieben, die zu einer besseren Einsicht in den Charakter des nationalsozialistischen Staates verhelfen will.

Erev-Rav, Verein für biblische und politische Bildung

Bibeltagungen in Knesebeck

Mehrmals im Jahr organisiert Erev-Rav in Knesebeck (Niedersachsen) internationale und ökumenische Bibelwochen, an denen bis zu 20 Personen teilnehmen können.

Auf einer Tagung wird gemeinsam ein biblisches Buch gelesen und thematisch bearbeitet. Durch das gemeinsame Hören und Diskutieren entstehen während einer Woche Begegnungen mit anderen Menschen, das heißt mit anderen Kontexten, Fragen und Erfahrungen. So werden die Tagungen zu einem intensiven Lernort und einer Art Sabbatwoche.

Die Gesamtkosten einer Tagung betragen 100,- DM pro Person (für Wenigverdienende 50,- DM). Die Kosten pro Kind - inklusive Kinderbetreuung - betragen 50,- DM. Für Personen aus Mittel- und Südosteuropa sind die Tagungen umsonst (die Fahrkosten werden ab der Grenze des jeweiligen Landes erstattet).

Der Name Erev-Rav

Erev-Rav heißt das zahlreiche heidnische Menschengewimmel im 2. Buch Mose 12,38, das zusammen mit Israel aus dem Sklavenhaus Ägyptens in die Freiheit hinauszog. Der Name benennt programmatisch die Zielsetzung des Vereins: Eine Befreiungstheologie im Kontext Europas im israelitischen Geist. Der Name will darüber hinaus im Angesicht von Auschwitz eine Verpflichtung ausdrücken, die darin besteht, daß wir, gerufen durch den Messias Jesus und im Gedenken der jüdischen und aller anderen Opfer des Faschismus, ausziehen wollen aus allen Verhältnissen, in denen der Mensch ein erniedrigtes und geknechtetes, ein verlassenes und verächtliches Wesen ist.

Weitere Informationen:
Erev-Rav, Postfach 29, 29379 Wittingen